Grete Wehmeyer · Höllengalopp und Götterdämmerung

Grete Wehmeyer

Höllengalopp und Götterdämmerung

Lachkultur bei Jacques Offenbach und Richard Wagner

Dittrich-Verlag

CIP-Einheitsaufnahme: Wehmeyer, Grete:
Höllengalopp und Götterdämmerung: Lachkultur bei
Jacques Offenbach und Richard Wagner.
Köln: Dittrich, 1997

ISBN 3-920862-13-9

Lektorat: Heike Mund
Druck und Bindung: Freiburger Graphische Betriebe

Inhalt

Parteiisch-unvollständiges Konversationslexikon zur Lachkultur bei Jacques Offenbach und Richard Wagner

»In Deutschland fehlt ein großes Erziehungsmittel:
das Gelächter höherer Menschen.«
Friedrich Nietzsche,
Die Fröhliche Wissenschaft, 1882

HÖLLENGALOPP

»Galop Infernal«, der tolle Tanz der Götter des Olymp und der Unterwelt als Finale des 4. Akts der Offenbachiade »Orpheus in der Unterwelt«. Dieser Galopp wurde die berühmteste Musik von Jacques Offenbach.

»Diese Musik kann Tote erwecken. Diese Rhythmen schienen bestimmt, jenem Publikum von Entwurzelten, für die das Leben nur eine Art Totentanz war, eine physische und moralische Erschütterung zu versetzen. Beim ersten Anstoß, der die Götter des Olymp und der Unterwelt zu ihrem tollen Reigen zwang, schien es, als ob ein Choc durch die Menge gehe und das ganze Jahrhundert mit seinen Regierungen, Sitten und Gesetzen in einem sonderbaren allgemeinen Galopp durcheinandergewirbelt würde.«[1]

Die Offenbachiade »Orpheus in der Unterwelt« ist eine Parodie auf den Stoff von Orpheus und Eurydike. Das Finale findet in der Hölle statt: Die Götter sitzen bei der Tafel; unter ihnen, als Bacchantin verkleidet, Eurydike. Jupiter glaubt, sie im Trubel des Festes entführen zu können, aber Pluto tritt ihm entgegen und mahnt ihn an sein Versprechen, sie ihrem Gatten zurückzugeben. Schon erscheint Orpheus, und nun kann Jupiter nur noch die Bedingung stellen, daß Orpheus beim Verlassen der Unterwelt sich nicht nach Eurydike umblicken dürfe, sonst entschwände sie ihm für immer. Orpheus gehorcht, die Öffentliche Meinung (eine Person der Handlung) freut sich schon ihres Sieges - da versetzt ihm Jupiter mit seinem Blitzstrahl einen Schlag. Orpheus wendet sich unwillkürlich um, verletzt damit das Gebot, und muß nun, was ihm nicht unangenehm ist, allein zur Oberwelt zurückkehren. Eurydike aber bleibt auf Jupiters Geheiß zu ihrer Freude als Bacchantin bei den Göttern. Dann tanzen sie alle zusammen - allerdings ohne Orpheus - diesen »Höllengalopp«. Er steht in Offenbachs Operette an der Stelle, wo sonst Triumphmärsche, große feierliche Chorszenen, oder bei Wagner Chöre auf der Festwiese (»Meistersinger«) oder ein feierlicher Einzug der Götter (»Rheingold«) erklingen.

Offenbachs Finale, das in dem Premierenbericht auch Quadrille oder Cancan genannt wird, ist das Gegenteil der Triumphmusik einer Großen Oper, es wurde »Entgötterungscancan« genannt.

Die Uraufführung von »Orpheus in der Unterwelt« fand am 21. September 1858 in Paris in Offenbachs eigenem Theater, den Bouffes-Parisiens statt. Ein Augenzeuge schilderte die Premiere:

»Von oben herab senkte sich eine Wolke von scharfem Parfumduft und Schminkgestank ins Parterre, und von diesem, in welchem viele Herren, die vom Diner gekommen waren, und einige Dämchen Platz genommen hatten, stieg der Nachodeur des Champagners zur Bühne empor. Rausch oben, Rausch unten; dazu die bunten Lichter der Feerie, das unnatürliche Rot auf allen Wangen - auch viele Herren schminkten sich damals in Paris - der in dem kleinen Raum betäubende Lärm der Musik, welche im Cancan aufging, die emporgeschnellten Glieder der Mänaden, das Wiehern des Publikums, ein Kreuzfeuer von Blicken hinauf zur Bühne und herab, das allerdings hätte den jungen Hermann den Cherusker bewogen, mit der Faust dreinzuschlagen, aber für die Pariser des Zweiten Kaiserreichs war es nach Tisch ein Hochgenuß.«[2]

Dann hob sich der Vorhang für »Orphée aux Enfers«. Die Premiere war ein Mißerfolg, es folgten jedoch 228 Aufführungen. Nur wegen der Erschöpfung der Künstler machte man dann eine Pause.

Für dieses Finale gab es eine »Kölsche« Vorlage, ein Divertissementchen von 1840, »Die Kölner am jüngsten Tage«. Die Kölner hänseln am Auferstehungstage die Teufel, tun sich an Noes Weinfaß gütlich, drehen sich im Tanze, woran alle Himmelsbewohner teilnehmen und schließlich unter Anführung des Karnevalspräsidenten mit dem Gesang des »O Jerum Walzers« in den Himmel einziehen. Dieser Tanz ist in Offenbachs »Orpheus« zum Cancan geworden und der Karnevalspräsident zu Jupiter. Von Bedeutung in diesem Zusammenhang ist ferner das Programm zum Rosenmontagszug 1842, »Die Kölnische Komödie von Tante Allhieri, oder getreue Beschreibung der Höllenfahrt des Hanswurst und des Höllenzuges im Kölnischen Karneval 1842«. Die Szenenfolge scheint von Karl Cramer, dem Jugendfreund Offenbachs, zu stammen, hatte dieser doch im gleichen Jahr eine neue Karnevalsgesellschaft gegründet, die sich am allgemeinen Karnevalsumzug beteiligte, und zwar mit dem »Zug aus der Unterwelt mit griechischen und Danteschen Ideen«. Der Inhalt: in einer dramatischen Szene beschließen Pluto und sein Staatsminister Klüngel, die Braut des Hanswurst, Phantasia, zu entführen. Hanswurst, der zu ihrer Befreiung in die Unterwelt gestiegen ist, schildert in einem Brief an die Kölner seine Erlebnisse mit Cerberus, Charon und Pluton, der ihm beim Souper Lethewasser statt Rheinwein eingießen will. Er wird schließlich durch die Machenschaften Klüngels, der früher Plutos Schuhputzer war, eingesperrt, aber von der Kölner Karnevalsgesellschaft der beim Wirt Eisen versammelten »Eisenritter« befreit und mit den gefangengenommenen Bewohnern der Unterwelt nebst Mars und Venus unter dem goldenen Netze Vulkans im Triumph durch Köln geführt. »Den sichtbaren Schluß des Zuges bildet in einem dunklen Behälter die Hofkapelle des Herrn der Unterwelt. Der berühmte Klüngeldorfer Nachtwächter ist der Kapellmeister. Orpheus fehlt auch nicht, er accompagniert ihn. Das Konzert ist natürlich ausgezeichnet und die Musikstücke sind sämtlich neu.«[3]

Selbst eine Verwandtschaft zur jüdischen Musik ist zu erkennen: wenn der Chasan, der Vorbeter in der Synagoge, zum Schlußkaddisch vom Großen Versöhnungstage ansetzt und es dann zum stimmungsvollen Ende bringt, ist das im triumphalen Gehalt gar nicht so weit vom Orpheus-Galopp entfernt.[4]

CANCAN

Der berühmteste Tanz bei Jacques Offenbach. Er stammt aus Nordafrika, hieß dort Chica und enthielt bereits die Erkennungszeichen des Cancan. Im Tanzlexikon heißt es dazu: »Er wird in sehr schnellem Zeitmaß ausgeführt und dient dem Ausdruck der Wollust. Die Tänzerin hält die beiden Zipfel ihres Rocks oder ein Taschentuch in Händen und bewegt Hüften und Schenkel, während der übrige Körper ruhig verbleibt. Der Tänzer springt auf sie zu, zieht sich zurück und kommt wieder. Die Bewegungen dieses pantomimischen Liebeskampfes sind lasziv, weshalb die Chica oft verboten wurde.«

Mauren brachten den Tanz nach Spanien, er wurde mit obligater Begleitung von Gitarre und Kastagnetten getanzt. Zu Anfang gehörte er mehr den vornehmeren Klassen an und erhielt den Namen Fandango. Er wurde zuerst ernst und würdevoll getanzt, ist aber schließlich zum wilden leidenschaftlichen Volkstanz geworden. Charakteristisch ist die stete Steigerung in Tempo und Ausdruck.

Da er oft auf »unsittliche« Weise getanzt wurde, war er der Geistlichkeit ein Dorn im Auge. Die französische Nachahmung des Fandango wurde »Cancan« genannt (cancan = Klatsch, Geschwätz, Nachrede). Ab 1830 wurde er in Paris getanzt. Er soll von dem Komiker Masariç erfunden worden sein. Ursprünglich war er ein gesitteter, von der guten Gesellschaft keineswegs verpönter, heiterer Tanz. Erst allmählich wurde er aus der Gesellschaft verbannt, dafür in Ball-Lokalen und im Varieté getanzt. Offenbach nannte 1858 den berühmten Tanz im Finale des »Orphée« keineswegs Cancan, sondern »Galop«. Die Rezensenten sprachen von Quadrille. Es war ein Tanz, noch keineswegs so rasend, wie es der Cancan bis zum Ende des Jahrhunderts wurde. Im »Orphée« wurde der Cancan noch von allen zusammen getanzt. Erst später entwickelte sich die Ballettform mit der Riege von Tänzerinnen, die ihre Beine und die Röcke hochwerfen und ihre Spitzenhöschen zeigen.

Nicht zu unterschätzen ist die pikante Tatsache, daß Offenbach den immer als lasziv geltenden Tanz genau von den himmlischen Herrschaften bei einem Fest in der Unterwelt tanzen läßt, als »Galop Infernal«, als Höllengalopp. Offenbach hat auch in vielen anderen Werken Cancans verwendet.

GÖTTERDÄMMERUNG

Dritter Tag des Bühnenfestspiels »Der Ring des Nibelungen« von Richard Wagner. Die »Götterdämmerung« wurde am 17. August 1876 im gerade fertiggestellten Festspielhaus in Bayreuth uraufgeführt, Dauer fünf Stunden. Am Schluß der Oper, dem Weltenbrand, der 1848 in der Urfassung noch nicht vorhanden war, soll der Grundgedanke des »Ring« wie auch vieler anderer Wagnerscher Musikdramen triumphieren: die Erlösungsidee. Wagners Dichtung dazu:

»Brünnhilde wendet sich dem Scheiterhaufen zu, auf dem Siegfrieds Leiche ausgestreckt liegt. Sie entreißt einem Manne den mächtigen Feuerbrand, schwingt diesen und deutet nach dem Hintergrund.

Brünnhilde: Denn der Götter Ende
dämmert nun auf.
So - werf ich den Brand
in Walhalls prangende Burg.
(Sie schleudert den Brand in den Holzstoß, der sich schnell hell entzündet ... Brünnhilde gewahrt ihr Roß ...)
Brünnhilde: Grane, mein Roß,
sei mir gegrüßt!
Weißt du auch, mein Freund,
wohin ich dich führe?
Im Feuer leuchtend,
liegt dort dein Herr,
Siegfried, mein seliger Held.
Dem Freunde zu folgen,
wieherst du freudig?
Lockt dich zu ihm
die lachende Lohe?

Fühl meine Brust auch,
wie sie entbrennt;
helles Feuer
das Herz mir erfaßt,
ihn zu umschlingen
umschlossen von ihm,
in mächtigster Minne
vermählt ihm zu sein!
Heiajoho! Grane!
Grüß deinen Herren!
Siegfried! Siegfried! Sieh
Selig grüßt dich dein Weib!«

Brünnhilde schwingt sich bei Wagner auf ein Pferd und springt mit ihm in den brennenden Scheiterhaufen. Das Feuer lodert hoch auf.

»*(Als der ganze Bühnenraum nur noch von Feuer erfüllt erscheint, verlischt plötzlich der Glutschein, so daß bald bloß ein Dampfgewölk zurückbleibt, welches sich dem Hintergrunde zu verzieht und dort am Horizont sich als finstere Wolkenschicht lagert ... Durch die Wolkenschicht, welche sich am Horizont gelagert, bricht ein rötlicher Glutschein mit wachsender Helligkeit aus ... Aus den Trümmern der zusammengestürzten Halle sehen die Männer und Frauen in höchster Ergriffenheit dem wachsenden Feuerschein am Himmel zu. Als dieser endlich in lichtester Helligkeit leuchtet, erblickt man darin den Saal Walhalls, in welchem die Götter und Helden versammelt sitzen. Helle Flammen scheinen in dem Saal der Götter aufzuschlagen. Als die Götter von den Flammen gänzlich verhüllt sind, fällt der Vorhang.)*«

Die Wagnersche Erlösungsidee besteht darin, daß aus dem Zusammenbruch der alten fluchbeladenen eine neue glücklichere Welt entsteht. Der Gedanke einer Reinigung durch ein Feuerrauschfinale kehrt in Wagners Denken wie ein Leitmotiv

wieder. Cosima schrieb am 18. August 1870 anläßlich des deutsch-französischen Krieges in ihr Tagebuch, Richard hoffe, daß Paris, diese »femme entretenue« der Welt, verbrannt würde. Der Brand von Paris würde das »Symbol der endlichen Befreiung der Welt von dem Druck alles Schlechten sein.«[5]

»Die Franzosen sind die Fäulnis der Renaissance«, sagte er bei anderer Gelegenheit zu Cosima. 1873 äußerte er den Wunsch, daß »ein erneuter Krieg mit Frankreich auch die Industrie dieses heillosen Landes völlig vernichte, damit auch dieser Einfluß gebrochen würde«.[6]

Nicht nur den Franzosen dachte Wagner ein reinigendes Flammenbacchanal zu. Als im Dezember 1881 das Wiener Ring-Theater brannte, kommentierte er dies mit der Bemerkung: »Es sollten alle Juden in einer Aufführung des ›Nathan‹ verbrennen.«[7]

Cosima nannte das einen »heftigen Scherz«. Dazu meinte Hanjo Kesting in seinem Aufsatz »Der andere Wagner«: »Wagners Humor ist ein Kapitel für sich.«[8]

→ Das Judenthum in der Musik, S. 102

DEUTSCH

Muttersprache sowohl von Richard Wagner wie von Jacques Offenbach. Mit Dialektfärbungen: sächsisch (Wagner), kölsch (Offenbach). Sachsen und das Rheinland gehörten vor Bismarcks Reichsgründung 1871 nicht zu einem gemeinsamen Staatengebilde, das »Deutschland« genannt wurde. Sachsen war selbständiges Königreich, das Rheinland gehörte seit 1814 zu Preußen. Wagner und Offenbach hatten also unterschiedliche Pässe und damals auch noch abweichende Uhrzeiten. Zwischen ihren Geburtsorten, dem Judenviertel von Leipzig (Wagner) und dem Großen Griechenmarkt Nr. 1 in der Stadt Köln (Offenbach), wo Offenbachs Vater Kantor an der Synagoge war, liegen etwa 550 Kilometer. Vor der Beschleunigung durch die Eisenbahn (seit 1835) dauerte eine Reise von Leipzig nach Köln bei einem Pensum von hoch gerechnet 30 Kilometer am Tag etwa zwei Wochen. - Daß Wagner und Offenbach bei aller räumlichen Entfernung und Uhrendifferenz die deutsche Sprache benutzten, verhalf jedem von ihnen dazu, die Texte des anderen lesen und verstehen zu können. Sie - die beiden Komponisten - dürften einander jedoch im Verständnis der Notenschrift näher gewesen sein als in ihrem sächsisch-kölschen Deutsch.

RICHARD WAGNER (1813 - 1883). Er äußert in seinen Bühnentexten präzise Vorstellungen, was »deutsch« ist. Helden sind »deutsch«, dazu »tapfer« und »weise«, wenn sie sich zu »sovielen« in der »theuren Halle« auf Elisabeths Wartburg versammeln. - Auch Hans Sachsens Zunftgenossen, die Meistersinger, wissen, was »deutsch« ist. Er sagt es selbst:

> »Was deutsch und echt, wüßt' keiner mehr,
> lebst's nicht in deutscher Meister Ehr'.

Drum sag ich euch:
ehrt eure deutschen Meister,
dann bannt ihr gute Geister!
Und gebt ihr ihrem Wirken Gunst,
zerging' in Dunst
das Heil'ge Röm'sche Reich,
uns bliebe gleich
die heil'ge deutsche Kunst.«

Richard Wagner verlieh dem »Deutschen« die höchste Wertschätzung, die er zu vergeben hatte: die Deutschen seien die Nachfolger der Griechen. Er glaubte gemeinsam mit Nietzsche in den ersten Jahren ihres Kontaktes, daß in den aktuellen Dämmerzeiten, die sie zu durchleben glaubten, ein »heroisches Erwachen nur aus den Tiefen des deutschen Geistes möglich sei.«[9]

Im Januar 1871, wenige Tage vor der Krönung des preußischen Königs zum Deutschen Kaiser, sagte Wagner, daß er wohl Lust habe, eine Geschichte des deutschen Wesens zu schreiben.[10] Als schlimmste Gefahren für »das Deutsche« machte Wagner die Juden und die Franzosen aus: Den Judenhaß pflegte die christliche Menschheit seit der Zerstörung Jerusalems 70 n. Chr. durch die Römer und der Vertreibung der Juden, die damit verbunden war. Feindlich gegenüber Frankreich war man in Europa verstärkt seit der Eroberung durch Napoleon. Beide Strömungen kochten nach den Napoleonischen Kriegen wieder hoch. Allerdings gab es an den Stammtischen auch die Version: »Ein braver deutscher Mann mag keinen Franzen leiden, doch seine Weine trinkt er gern.« Oder: »Trotz aller Ehrbarkeit der deutschen Fraun und Herrn hat doch der Deutsche das Pariser Leben gern.«

Wagner haßte alles Französische besonders seit dem Zusammentreffen mit seinem Kollegen Meyerbeer: » ... europäisch können wir Opernkomponisten nicht sein, - da heißt es - entweder deutsch oder französisch! Man sieht es ja, was so ein Hansnarre wie der Meyerbeer uns für Schaden macht ...« Besonders schmerzhaft war Wagner das Desaster bei der Aufführung des »Tannhäuser« aus dem Jahr 1861 in Erinnerung. Cosima interpretierte den deutschen Sieg über Frankreich im Jahr 1870 später: jetzt bekämen die Franzosen für jeden Takt des »Tannhäuser«, den sie bei der Aufführung in Paris ausgezischt hätten, die gehörigen Schläge.[10]

JACQUES OFFENBACH (1819 - 1880) blickte als jüdischer Emigrant auf Deutschland. Weil in den deutschsprachigen Ländern den Juden das Studium und die Ausübung der Musik untersagt war, hatte Vater Offenbach seine beiden auffallend begabten Söhne zur Ausbildung nach Paris gebracht. Dort machte Jacques bis zum Ausbruch des Krieges 1870 seine große Karriere, ohne daß seine deutsche Herkunft positiv oder negativ bewertet worden wäre. Es hielten sich damals immerhin 80.000 Deutsche in Paris auf. Bei Beginn der Feindseligkeiten wurde der Ton gegenüber Offenbach aggressiver. Er hatte 1862 ein patriotisches Lied für Frankreich komponiert mit dem Titel »Dieu garde l'empereur«. Ein Verleger veröffentlichte es in dieser angespannten französisch-deutschen Situation, worauf die deutsche Presse Offenbach als Vaterlandsverräter anprangerte. Er nahm dazu Stellung in einem offenen Brief, der am 16. August 1870 im »Figaro« veröffentlicht wurde: »Gewisse deutsche Journalisten haben in verleumderischer Weise behauptet, ich hätte mehrere deutschfeindliche Lieder komponiert. Diese Anschuldigungen werden von den infamsten Beleidigungen begleitet. — Ich habe eine Familie und liebe Freunde in Deutschland; um ihretwillen bitte ich Sie, folgendes abzudrucken: Ich lebe in Frankreich, seit ich vierzehn Jahre alt war; dort erhielt ich die volle Einbürgerung; ich bin zum Chevalier de la Légion d'Honneur ernannt worden; ich verdanke Frankreich alles und müßte mich des Namens eines Franzosen, den ich mir durch ehrliche Arbeit verdient habe, als unwürdig erachten, sollte ich für schuldig befunden werden, das Land meiner Herkunft diffamiert zu haben. - Es würde meine Liebe zu Frankreich vertiefen, wenn das noch möglich wäre, wüßte ich, daß kein Franzose mich einer Handlung bezichtigt, die in den Augen ehrenhafter Männer eines jeden Landes niederträchtig wäre.«

Als die Preußen in Paris einrückten, zog Offenbach daraus andere Schlüsse als Cosima Wagner. Er schrieb an einen

Freund in Paris: »Wie war ich erleichtert, als ich endlich erfuhr, daß Sie zu essen hatten! Ich hoffe Wilhelm Krupp und sein fürchterlicher Bismarck werden dafür zahlen müssen. Was für schreckliche Leute sind doch die Preußen und wie hasse ich es, daran zu denken, daß ich am Rhein geboren wurde und eine wenn auch noch so geringe Gemeinsamkeit mit diesen schrecklichen Wilden habe! Ach, mein armes Frankreich, wie danke ich ihm, daß es mich als eines seiner Kinder angenommen hat.«

Die meisten Angriffe auf Offenbach kamen von seinen Neidern. Er reagierte gelassen darauf: »Mir tun meine armseligen kleinen Kollegen leid, die hoffen, mir schaden zu können, indem sie sagen, ich sei ein Deutscher, wo sie doch sehr gut wissen, daß ich bis ins Mark Franzose bin ...« Und er schrieb aus Wien: » ... ich hoffe ebenfalls, daß wir uns bald wieder an die Arbeit machen, und daß ihr mir wieder ein Textbuch anvertraut, obgleich ich in Köln geboren bin. Schreibt mir nach dem Hotel ›Goldenes Lamm‹, Wien, Österreich, (nicht Deutschland); in dieses widerwärtige Land werde ich niemals mehr den Fuß setzen.«[11]

Auch andere deutsch-jüdische Emigranten machten ihrer Verzweiflung über Deutschland Luft, aus welchem der einzelnen Staaten sie auch gekommen sein mochten, und lobten ihr Asylland Frankreich. Heinrich Heine, der sich seit 1831 in Paris aufhielt, formulierte seine Gefühle gegenüber seinem Heimatland: »Denk ich an Deutschland in der Nacht, dann bin ich um den Schlaf gebracht.« Giacomo Meyerbeer lebte seit 1825 in Paris und pries Frankreich und Italien als »bis jetzt die einzigen gastfreundlichen Länder, wo ich meinen Beruf, meine Kunst mit Erfolg und Anerkennung habe ausüben können, während Deutschland mich verworfen und mit Bitterkeit überhäuft hat.«[12]

Bei einem Besuch in Köln versuchte Jacques Offenbach einen Jugendfreund, den Dichter Karl Cramer, mit nach Paris zu nehmen: »Geh mit mir in die französische Hauptstadt. In Frankreich kommt ein Mann von Talent sofort zur Geltung und zu Gelde, wenn er nur einmal Erfolg erzielt hat.«[13]

→ Deutsch in den Augen Nietzsches, S. 125

Deutsche Entfernungen

In seinem Aufsatz »Was ist deutsch?« (1865) sieht sich Wagner vor die Frage gestellt, welche Teile der europäischen Landkarte Deutschland ausmachen. Zu Anfang des 19. Jahrhunderts gab es in Deutschland 360 vollsouveräne und über 1500 halbsouveräne staatliche Gebilde. Das kleinste war wahrscheinlich die Burgschaft Rheineck; der Herr Burggraf gebot im 18. Jahrhundert über »12 Unterthanen und einen Juden.«[14] Richard Wagner entschied von Sachsen und später von Tribschen in der Schweiz aus: Deutschland ist das Gebiet »diesseits« des Rheins und der Alpen. Der Rhein ist für Wagner die deutsche Grenze nach Westen.

Von den Ufern des Rheins aus betrachtet, ist dementsprechend das ganze deutschsprachige Land bis nach Sachsen »jenseits«. Ein Zusammengehörigkeitsgefühl wird von keinem der weit voneinander entfernten Punkte aus formuliert. Im Gegenteil: für die einen hört Deutschland sowieso am Rhein auf und die anderen zogen daraus immer wieder separatistische Gelüste auf eine eigene Westdeutsche Republik.

In Wagners Beschreibung leben die Deutschen auf dem Gebiet der ursprünglichen »germanischen« Stämme und das auf ihre eigene Weise, nämlich exakt so, wie Walter von Stolzing es in den Meistersingern für seine eigene Ritterexistenz beschreibt:

»In rauhen Wäldern, im langen Winter, am wärmenden Herdfeuer seines hoch in die Lüfte ragenden Burggemachs pflegt er (der Deutsche) lange Zeit Urvätererinnerungen, bildet seine heimischen Göttermythen in unerschöpflich mannigfaltige Sagen um. Er wehrt dem zu ihm dringenden Einflusse des Auslandes nicht; er liebt zu wandern und zu schauen; voll der fremden Eindrücke drängt es ihn aber, diese wiederzugeben; er kehrt deshalb in die Heimat zurück, weil er weiß, daß er nur hier verstanden wird: hier am heimischen Herde erzählt er, was er draußen sah und erlebte.«[15]

Im Lauf der Geschichte ist nach Wagner der »deutsche Geist in seiner Erhabenheit« herangereift und aus dem innigsten Verständnis der Antike erkannte dieser deutsche Geist das »Reinmenschliche«. Aus der »glorreichen Erinnerung« an das »Römische Reich Deutscher Nation«, als »die ganze Macht des romanisierten Frankenreiches in die Gewalt der reindeutschen Stämme überging«, konnte uns endlich der Stolz erwachsen, mit welchem wir auf unsere Vergangenheit zurückzusehen genötigt waren, um uns über die Verkommenheit der Zustände der Gegenwart zu trösten. Kein großes Kulturvolk ist in die Lage gekommen, sich einen so phantastischen Ruhm aufzubauen wie die Deutschen.[16]

Über den Ausgang des Dreißigjährigen Krieges befindet Wagner: »Das Volk war vernichtet, aber der deutsche Geist hatte bestanden. Und auch nach der Napoleonischen französischen Okkupation vollzog das deutsche Volk seinen Untergang«, »aber, was ... sich nie unterziehen konnte, lebte fort und gebar sein Volk von neuem: der deutsche Geist.«

Nach Wagner blieb für den deutschen Geist »eine letzte, ungeahnte Zuflucht, sein innigstes Inneres deutlich auszusprechen.« Das war die Musik, besonders die von Bach und Beethoven. Er bediente sich großer Sätze: der deutsche Geist wurde sich, aus sich selbst heraus, seiner bewußt. »Und dieses Bewußtsein sagte ihm, was er zum ersten Mal der Welt verkünden konnte, daß das Schöne und Edle nicht um des Vorteils, ja selbst nicht um des Ruhmes und der Anerkennung willen in die Welt tritt: und alles, was im Sinne dieser Lehre gewirkt wird, ist ›deutsch‹, und deshalb ist der Deutsche groß; und nur, was in diesem Sinne gewirkt wird, kann zur Größe Deutschlands führen.« Es folgte (1865!) der bange Ausspruch: »Wehe uns und der Welt, wenn diesmal das Volk gerettet wäre, aber der deutsche Geist aus der Welt schwände.«

Wagner bezog die meisten Stoffe für seine Musikdramen aus der germanisch-deutschen Tradition; dabei darf der Ort der Handlung auch an der deutschen Westgrenze, am oder im

Rhein liegen (»Götterdämmerung«, »Rheingold«), oder auch jenseits des Stromes, in Holland (»Der fliegende Holländer«).

Die germanophile Deutschlastigkeit hatte Wagner mit den deutschsprachigen Menschen der ersten Jahrzehnte nach den Napoleonischen Kriegen gemeinsam: die nationale Enttäuschung, welche sie 1806 beim Zusammenbruch des preußischen Staates ergriff, die Unfreiheit, die allgemeine Armut, die Restauration des Feudalismus, die schwindende Stütze durch die Religion, und damit verbunden die weite Verbreitung des modischen Weltschmerzes,[17] schienen die Rückkehr zu einer »germanischen« Kultur zu befürworten. Der deutsche Patriotismus des Vormärz steigerte sich in die Verachtung des Französischen und des Jüdischen.[18] Daran gab es damals bereits Kritik, zum Beispiel von Arnold Ruge. In seinem Aufsatz »Der Patriotismus« bemerkte er, die Patrioten wollten eine »illusorische, nämlich eine spezifisch germanische Freiheit erzeugen ... Aber selbst die Revolutionäre unter den Patrioten wollen und kennen die Freiheit nicht, sie sind deutsch und knechtisch gesinnt, Feinde der deutschen Philosophie aus Ignoranz und der französischen Revolution aus Biederkeit.«

Die Wagnerschen Verarbeitungen der »germanischen« Stoffe zu Gesamtkunstwerken aus Text, Musik und Bühnenrealisation wurden in großen Teilen der Welt als Inbegriff des Deutschen angesehen - vor allem »Die Meistersinger«. Sie gehören bis heute wie Schwarzwalduhren und Sepplhosen zu den gefragtesten deutschen Exportartikeln.

Gemessen an der Deutsch-Monomanie Wagners erscheint eine künstlerische Existenz wie die von Jacques Offenbach als »nichtdeutsch«, von »jenseits« des Rheins, als »französisch-jüdisch-deutsch«, eine Formulierung, die Wagner in Bezug auf »Demokratie«, die ihm verabscheuenswürdig war, schlechthin prägte. Wagner konnte nicht wissen, daß Offenbach ebenfalls aus »deutschen« Quellen schöpfte: nämlich aus dem rheinisch-kölschen Puppenspiel und dem römisch-rheinischen Karneval. Wagner hätte diese volkstümlichen Erscheinungen auch nicht als Äußerungen »deutschen Geistes« verbuchen wollen, fanden sie doch auf der Straße oder in kleinsten Volkstheatern statt, keineswegs in einem »hohen Burggemach«. Bei seiner Betonung des Erhabenen in der »deutschen Kunst«, vor allem der Musik, hätten diese rheinischen Erscheinungen für Wagner nicht als »Kunst« gegolten; denn dort sind keine »Meister« in Wagners Sinne am Werk, sondern erfahrene Laien, und ihre Darbietungen dürften sich oft auf Beckmesser-Niveau befunden haben, das von Wagner in den »Meistersingern« als Spott gemeint war. In den rheinischen Quellen Offenbachs kam nichts Erhabenes nach dem Verständnis Wagners vor, im Gegenteil: es wurde sehr bald gelacht, wenn sich etwas als zu »erhaben« oder zu erdfern gebärdete.

Das war der künstlerische Fundus für Jacques Offenbach, ohne Zweifel ein »deutscher«, allerdings vom entgegengesetzten Punkt des deutschen Territoriums. Die geographische Distanz zwischen Sachsen und dem Rhein läßt sich als ein Symbol verstehen für den Abstand der Auffassungen von Kunst, Kultur, vom Leben und der Welt und des daraus erwachsenden Umgangs damit. Und noch etwas ist »deutsch«, allerdings vorwiegend am Rhein: die Nachwirkung dessen, was seit zweitausend Jahren im Boden liegt. Es ist die Mischung mit dem römisch-antiken Geist, wie auch - dank der geschichtlich gewachsenen Weltoffenheit der Menschen am Rhein - die Beziehung zum Mediterranen, in der Bühnenkunst zur Commedia dell'arte. Offenbach und sein geschätztester Textdichter Ludovic Halévy fügten das ihnen aus ihren Familien vertraute jüdische Element hinzu; auf diesem Feuer kochten sie in Paris - als deutsche Emigranten - ihre musikalischen Gourmetspeisen, die ebenso weltweiten Ruhm genossen wie die Musikdramen Richard Wagners. Allerdings hatten sie einen völlig anderen intellektuell künstlerisch weltanschaulichen Stammbaum, als Wagner ihn für sich in Anspruch nahm: es ist nicht das reinrassige Germanisch-Deutsche, sondern die im Herzen Europas auf deutschem Territorium gewachsene Mischung, die aus historischen Überlieferungen, der Überschneidung der Volksgruppen und »Rassen« die einmalige zentraleuropäische Farbigkeit hervorgebracht hat.

Ab 1845 folgten die Arbeiten Offenbachs und Wagners, beide aus »deutschen Landen« stammend und die selbe Sprache sprechend, unabhängig voneinander, jedoch Schlag auf Schlag.

1845	Richard Wagner:	Tannhäuser
1850	Richard Wagner:	Lohengrin
1855	Jacques Offenbach:	Les Deux Aveugles
1855	Jacques Offenbach:	Bataclan
1858	Jacques Offenbach:	Orpheus in der Unterwelt
1864	Jacques Offenbach:	Die Schöne Helena
1865	Richard Wagner:	Tristan und Isolde
1866	Jacques Offenbach:	Blaubart und Pariser Leben
1867	Jacques Offenbach:	Die Großherzogin von Gerolstein
1868	Richard Wagner:	Die Meistersinger
1868	Jacques Offenbach:	La Périchole
1869	Jacques Offenbach:	Die Banditen
1876	Richard Wagner:	Der Ring des Nibelungen
1881	Jacques Offenbach:	Hoffmanns Erzählungen (posthum)
1882	Richard Wagner:	Parsifal

Was steht sich da - auch heute noch - alles gegenüber: Wo Wagner tiefgründige Philosophie, im »Parsifal« sogar Religion komponierte, setzte Offenbach auf Weltlichkeit und Frivolität; wo Wagner Weihespiele erfand und für sie den Tempel auf dem grünen Hügel in Bayreuth errichten ließ, griff Offenbach auf die Divertissementchen des Kölner Karnevals zurück, und versprühte in einem halb verfallenen Holzbautheater (Bouffes-Parisiens) sein musikalisches Feuerwerk. Wo Wagner »Einzug der Götter in Walhall« oder eine »Festwiese«, auf jeden Fall Triumphmärsche schrieb, da riß Offenbach seine Unsterblichen in einen »Galop Infernal«, einen Entgötterungscancan, der - wie die Premierenkritik lobte - Tote erwecken konnte. Offenbach und Wagner, beide Theatergenies aus Deutschland, beide mit Welterfolg - das ist aber auch das Einzige, was sie gemeinsam haben. Die Fronten stehen sich bis heute unversöhnlich gegenüber. Wagners Position, sein Deutsch-Verständnis, sozusagen die sächsische

Linie, hat obsiegt. Seine Themen und seine Musik gelten als »deutsch« mit positiver Bewertung, selbst in Israel. Im Zusammenhang mit ihm hat sich verfestigt, was als deutsche Musik verstanden wird: tief, schwer, ernst, mystisch, feierlich, fromm, metaphysisch und mit komplizierter Konstruktion. Das gebildete deutsche Bürgertum hing sein nationales Selbstbewußtsein an diese Sorte deutscher Kunst und deutschem Geist, genau so, wie Wagner es empfohlen hatte. Ernst, rein deutsch-germanisch mußte Kunst sein, wenn sie wertvoll sein sollte. Das Publikum, die Interpreten und die Musikkommentatoren färbten im vorigen Jahrhundert auch die Komponisten der Tradition darauf ein: Bach, Mozart, Beethoven, Schubert, Schumann, Liszt wurden dementsprechend verstanden und verfälscht gespielt.

Die »Heilighaltung« Wagners überlebte die Einschnitte 1918, 1933, 1945. Was wird im Jahr 2000 sein?

DAS LACHEN

ANATOMISCH: In der Zeitschrift »Science 11« von 1900 beschrieb der Arzt Dr. G. V. N. Dearborn das Lachen als körperlichen Vorgang unter dem Titel »The Nature of Smile and Laugh«:[19]

»Beim Lachen und mehr oder weniger auch beim Lächeln gibt es klonische Spasmen des Zwerchfells, gewöhnlich etwa achtzehn an der Zahl, und eine Kontraktion der meisten Gesichtsmuskeln. Der obere Teil des Mundes und die Mundwinkel werden nach oben gezogen. Das obere Augenlid wird hochgehoben, wie in einem gewissen Maß auch die Brauen, die Haut über der mittleren Fläche des Stirnbeins und die Oberlippe, während die Haut an den äußeren Augenwinkeln sich charakteristisch runzelt. Die Nüstern sind mäßig erweitert und nach oben gezogen, die Zunge ist etwas gestreckt, und die Wangen sind gebläht und leicht nach oben gezogen; bei Personen mit stark entwickelten Ohrmuschelmuskeln tendieren die Ohrmuscheln nach vorn. Der Unterkiefer vibriert oder ist zurückgezogen (zweifellos um möglichst viel Luft in die sich aufblähenden Lungen zu lassen), und der Kopf wird bei sehr starkem Gelächter zurückgeworfen; der Oberkörper streckt sich und neigt sich sogar etwas zurück bis (und das tritt bald ein) Ermattung und Schmerz im Zwerchfell und der Bauchmuskulatur den Körper sich zur Entlastung deutlich beugen lassen. Das ganze arterielle Gefäßsystem weitet sich, so daß durch die Wirkung der Hautkapillaren Erröten des Gesichts und des Halses und manchmal auch der Kopfhaut und der Hände eintritt. Aus demselben Grund treten die Augen oft etwas hervor, und die Tränendrüse tritt in Aktion, aber gewöhnlich nur so weit, daß die Augen ›glänzen‹, oft jedoch auch so stark, daß die Tränen ihre Kanäle ganz überschwemmen.«

Die Mediziner glauben statistisch abgesicherte Beweise dafür zu haben, daß die Gesundheit sich proportional zu der Häufigkeit und Intensität des Lachens verhält. Anatomischer Beweis: Das Zwerchfell, als das beim Lachen am meisten beteiligte Organ, steht in inniger anatomischer Beziehung zu den Organen, die das physische Leben gewährleisten. Wenn im Zwerchfell krampfartige Bewegungen stattfinden, werden diese Organe zweifellos beeinflußt. Da wir uns nach dem Lachen wohler fühlen als vorher, ist es einleuchtend, daß die Bewegungen des Zwerchfells und der großen Organe in seiner Nachbarschaft von vorteilhafter Wirkung sind. - Es besteht kein Zweifel, daß herzhaftes Lachen praktisch alle großen Organe anregt. Durch die heftigen Körperbewegungen kommt es zu einer verstärkten Blutzirkulation, die die Funktion der Organe verbessert. Auf diese Weise wird die Widerstandskraft des Organismus gegen Krankheit erhöht.[20]

ALS POLITIKUM: Trotz dieses hervorragenden medizinischen Gutachtens hat das Lachen viele Feinde: unter den Philosophen, den Geistlichen, den Moralisten, den Finanzbeflissenen, den hochgestellten Persönlichkeiten, den Gebildeten und unter den mit klassischer Musik Befaßten: Komponisten, Instrumentalisten, Produzenten und Vertreibern, dem Publikum. Ein nicht zu unterschätzender Grund dafür ist unsere christliche Tradition: von Christus wird in der Heiligen Schrift nicht berichtet, daß er gelacht habe. Gottvater hingegen scheint sich zum Lachen hinreißen zu lassen; er lacht über jeden, der seine Heilsabsichten zu durchschauen glaubt, er lacht auch über Hiob, der mit ihm hadert. Das Gelächter ist Ausdruck seiner höchsten Schicksalsmacht. Erst die christliche Religion stellt sich ein Paradies vor, in dem nicht gelacht wird.

Bei Homer lachten die Götter ihr »homerisches Gelächter«, wie es seitdem genannt wurde. In der Ilias lachten sie »unermeßlich« über die Späße von Hephaistos, der auch zum Ensemble der »seligen« Götter gehörte.

> »Also sprach er; da lächelte Here, die glänzende Göttin.

Lächelnd nahm sie vom Sohn mit der Hand entgegen den Becher.
Er aber schenkte rechtsherum den Unsterblichen allen,
Duftenden Nektartrank, den er schöpfte aus mächtigem Kruge.
Unermeßliches Lachen erscholl bei den seligen Göttern,
Wie sie Hephaistos schnaufend sich tummeln sahen im Saale.«[21]

Platon, der Philosoph, war vom Lachen der Götter peinlich berührt, während zweitausend Jahre später ein anderer Philosoph, sich auf die Seite der Götter schlug. Friedrich Nietzsche feierte ihr Lachen als »olympisches Laster«: »Und gesetzt, daß auch Götter philosophieren, wozu mich mancher Schluß schon gedrängt hat -, so zweifle ich nicht, daß sie dabei auf eine übermenschliche und neue Weise zu lachen wissen - und auf Unkosten aller ernsten Dinge! Götter sind spottlustig: es scheint, sie können selbst bei heiligen Handlungen das Lachen nicht lassen.«[22]

In der Antike war nicht nur den Göttern das Lachen erlaubt. In Griechenland wie auch in Rom gab es eine reiche und vielfältige Lachkultur.

In archaischen Kulturen galt das Lachen auch als Unheil abwehrend, bösen Bann brechend. Zahlreiche amerikanische Stämme, zum Beispiel die Pueblo, Hopi, Zuni und Cree hatten Zünfte von clownähnlichen Medizinmännern, die die wichtige Aufgabe hatten, ihre Stammesgenossen in Heiterkeit zu versetzen. Sie hatten noch eine andere soziale Funktion, erstaunlicherweise die der Polizei, indem sie während gewisser zeremonieller Anlässe für die Aufrechterhaltung der Ordnung sorgten. Anscheinend durch Lachen. Ausgerechnet die Polizei.

Ganz anders handhaben das die Gesellschaften der modernen Hochzivilisation. Im Sicherheitswesen (Polizei), in der Administration (Politik), im Wirtschaftsbereich (Finanzwesen) und im staatlichen Kulturbetrieb (Oper, Sinfoniekonzerte, Literaturpreise, überregionale Ausstellungen) wird Lachen nicht gern gesehen, nach Möglichkeit vermieden, da subversive Bestrebungen vermutet werden. Die besorgniserregende Erfahrung heißt: Das Lachen ist staatserschütternd. Schon in Henri Bergsons Essay über die Bedeutung des Komischen von 1899 kann man lesen: »Irgend etwas Angriffiges muß in der Ursache der Komik stecken, gewissermaßen der Ansatz zu einem Attentat auf das soziale Leben, wie anders ließe sich erklären, daß die Gesellschaft mit einer Geste antwortet, die mir ganz nach einer Abwehrreaktion aussieht ...« Oder noch deutlicher: »Um das Lachen zu verstehen, müssen wir es wieder in sein angestammtes Element versetzen, und das ist die Gesellschaft; wir müssen seine nützliche Funktion bestimmen, und das ist eine soziale Funktion ... «[23] Für Bergson mußte das Lachen eine soziale Bedeutung haben. »Die menschliche Komik verkörpert eine individuelle oder kollektive Unvollkommenheit, die nach einer unmittelbaren Korrektur verlangt. Und diese Korrektur wird durch das Lachen besorgt.«[24]

In den abendländischen Gesellschaften ist das Lachen nicht gerade verboten, ist es doch eine unabdingbare bürgerliche Freiheit, jedoch bemühen sich die offiziellen Organe, abgestützt durch religiöse Überzeugungen, die Verderblichkeit des Lachens aufzuzeigen, es geradezu zu verunglimpfen. Die englischen Puritaner leisteten Pionierarbeit. Sie verkündeten im Zusammenhang mit ihrer Bibelinterpretation, daß der Mensch ein gottgefälliges Leben nur führen könne in Arbeit, Sparsamkeit, Askese und Ernst. Das Wohlgefallen Gottes lasse sich dann an der Höhe des Bankkontos ablesen. Im Herzen der puritanischen Lehre wurde das Lachen als »pöbelhaft« degradiert. Das geht hervor aus einem Brief von Lord Chesterfield, einem englischen Puritaner der ersten Stunde, an seinen Sohn: »Lautes Lachen ist die Ausgelassenheit des Pöbels, der nur an törichten Dingen Gefallen findet; denn wahrer Witz und gesunder Menschenverstand haben seit der Erschaffung der Welt nie ein Gelächter hervorgerufen. Einen Menschen von feiner Lebensart sieht man daher nur lächeln, hört ihn aber nie lachen.«

Es darf nicht übersehen werden, daß es diese puritanische Gesellschaft und ihre Lebensauffassung war, die die Grundlagen für das moderne kapitalistische Wirtschaftsdenken und damit den Wohlstand in einigen Teilen der Erde gelegt hat. Man wußte dort, was man dieser Denkweise schuldig war und lebte nach ihr. Jacques Offenbach erfuhr es, als er 1876 in Amerika weilte. Er dirigierte Konzerte in New York und Philadelphia, über die die New York Times schrieb: »Offenbach stellt seine melodische Begabung in den Dienst der Unmoral«. Ein Konzert in Philadelphia war als geistliches Konzert angekündigt worden - vorsichtshalber. Als die Hüter der städtischen Ordnung dahinter kamen, daß das Programm weder geistlich noch klassisch war, wie das Programm versprach, erzwangen sie die Absetzung des Konzerts. Jacques Offenbach selbst berichtete über Amerika, damals die Hochburg puritanischer Lebensauffassung, wie er es an einem Sonntag in Philadelphia erlebte: »Die Ausstellungen sind sonntags geschlossen, die Geschäfte und Restaurants sind geschlossen, alles ist geschlossen in dieser fröhlichen Stadt. Und was für eine Fröhlichkeit! Die wenigen Leute, denen man begegnet, kommen aus der Kirche mit Bibeln unter dem Arm und Leichenbittermienen. Wenn man unglückseligerweise lächelt, schauen sie einen mit zornigen Blicken an, und wenn man gar das Pech hat, zu lachen, würden sie einen am liebsten in Gewahrsam nehmen.«

Man kann die Verurteilung des Lachens nicht auf den Kreis der Puritaner begrenzen, es gibt frühe Vorfahren. Der heilige Chrysostomos, Patriarch von Konstantinopel und früher Kirchenvater, der von 342 bis 407 n. Chr. lebte, meinte: »Lachen und spaßige Reden sind zwar keine ausgesprochene Sünde, aber sie führen dazu. Aus Lachen entstehen oft gemeine Reden und aus diesen noch gemeinere Taten. Oft ergeben sich aus Worten und Gelächter Flüche und Beschimpfungen; aus Flüchen und Beschimpfungen Schläge und Wunden; aus Schlägen und Wunden Totschlag und Mord. Wenn du also einen guten Rat annehmen willst, so vermeide nicht nur gemeine Worte, gemeine Taten, Schläge oder Wunden und Mord, sondern schon ungeziemendes Gelächter.«

Der Kreis der überzeugten Nicht-Lacher umfaßt viele hochgestellte Persönlichkeiten. Kaiser Philipp, der Araber, zum Beispiel hielt sich einen Hofnarren, der ihn und seinen

Hofstaat mit Scherzen und Späßen zum Lachen bringen sollte. Der Kronprinz erteilte dem Vater eine ernste Rüge wegen dieses »billigen« Vergnügens. Die Zeitgenossen gaben dem Sohn den Namen »Philipp Agelastos«; uns ist er überliefert als »Philipp ohne Lachen.«

Der russische Literaturwissenschaftler Michail M. Bachtin vertritt die Theorie, daß hochgestellte Persönlichkeiten nie lachen oder gelacht haben. »Es lacht nur das Volk. Lachen wie bei den Göttern gibt es nur beim einfachen Volk, nur beim Volk erschallt das karnevalesk-feiertägliche Lachen.«

BACHTIN

Verfasser der Arbeit »Rabelais und Gogol. Die Wortkunst und die Lachkultur des Volkes« von 1940. Michael Michajlovic Bachtin war der Sohn einer verarmten Adelsfamilie, wurde 1895 in Orel geboren, ebenfalls Geburtsstadt der Dichter Turgenev und Andreev. Der Beruf des Vaters brachte es mit sich, daß die Familie Bachtin nach Odessa umzog, die viertgrößte Stadt und wichtigster Hafen des russischen Reiches. Odessa hatte eine buntgemischte Bevölkerung: Griechen, Deutsche, Engländer, Franzosen, Italiener, Bulgaren, Serben, Polen und Tschechen. Außerdem war die Stadt an der Schwarzmeerküste ein hervorragendes kulturelles Zentrum, es gab ein Stadttheater, das Russische Theater, Oper und Operette sowie das Historische und das Altertums-Museum mit einer wertvollen Sammlung aus den hellenistischen, genuesisch-venezianischen und mongolisch-tartarischen Epochen dieses Teils der südrussischen Küste. Hier absolvierte Bachtin im Jahr vor Ausbruch des Ersten Weltkriegs das Gymnasium und bezog dann als Student der Historisch-Philologischen Fakultät die Universität in St. Petersburg. Der Student Bachtin befaßte sich speziell mit der deutschen philosophischen Ästhetik des 19. Jahrhunderts, vornehmlich mit Literatur- und Sprachwissenschaft. Ihm schwebte »die organische Verschmelzung der Systematik, Objektivität und Konsequenz des deutschen philosophischen Denkens mit der universalen Breite und Tiefe des russischen Geistesschaffens vor.«

Im Jahr der Oktoberrevolution schloß Bachtin seine Studien ab, schrieb als Lehrer seinen ersten Artikel mit dem Titel »Kunst und Verantwortung«. Er siedelte bald in die Gouvernementshauptstadt Witebsk über, die zu dieser Zeit der Mittelpunkt russischer Kultur war: Chagall leitete dort die Akademie, dazu kam Malewitsch; man stand in Austausch mit Tatlin in St. Petersburg und Kandinskij in Moskau. Bachtin, dem sich hier ein Panorama avantgardistischer Kunst bot, leitete selbst Seminare über Ästhetik und allgemeine Literaturwissenschaft.

In diesen Jahren dachte Bachtin über die Beziehung des Einzelnen zum Anderen, über das Verhältnis des Künstlers zu seinem Werk, über die Relation von Bewußtsein und Zeichen, über den Konflikt von Individual- und Gruppenbewußtsein nach. Bachtin sprach sich für die Einheit von Bewußtsein und Tat, von Denken und Handeln, von Theorie und Praxis auf dem Prinzip persönlicher Verantwortung aus. 1929 veröffentlichte er eine Biographie über Dostojewskij auf dieser Gedankenbasis. Das brachte ihm Verhaftung und die Verbannung nach Sibirien ein. Er schrieb dort weiter, zum Beispiel über den Weinbau, setzte aber auch seine literaturwissenschaftlichen Arbeiten fort. Er begann über Rabelais zu arbeiten. Eine 1940 abgeschlossene Arbeit über »François Rabelais in der Geschichte des Realismus« konnte wegen der Kriegsereignisse nicht im Druck erscheinen. Bachtin wurde schließlich rehabilitiert und nach Kriegsende auf den Lehrstuhl für allgemeine Literaturwissenschaft an das Pädagogische Institut in Saransk berufen. Erst 1965 konnte das Rabelais-Buch erscheinen, dann wurde sein Verfasser, Michail M. Bachtin, auch in den Verband sowjetischer Schriftsteller aufgenommen. Zu seinem 75. Geburtstag gab es einen Festakt. Im Jahre 1972 zeichnete Bachtins Freund, der Maler Jurij Seliverstov ein Porträt von ihm, das ein faltenzerfurchtes Gesicht zeigt, dessen skeptischer Blick auf überraschende Weise optimistisch wirkt. Das Petersburger Institut für Russische Literatur bekräftigte nun auch äußerlich den Rang Bachtins, und die meisten seiner früher geschriebenen Arbeiten konnten erscheinen, darunter auch der Aufsatz über die »Lachkultur«. Am 8. März 1975 ist Bachtin gestorben.

LACHKULTUR

LACHKULTUR IN DER DICHTUNG. Die Hauptgedanken von Bachtin sind folgende: »Literaturwissenschaft und Ästhetik gehen gewöhnlich von verengten und minderen Darstellungen des Lachens in der Literatur der letzten drei Jahrhunderte aus.« Bei Molière greift das zu kurz, endgültig bei Rabelais: »Rabelais ist Erbe und Vollender des jahrtausendealten Volkslachens. Sein Werk ist ein unersetzbarer Schlüssel zur europäischen Lachkultur in ihren stärksten, fundiertesten und originellsten Ausdrücken.« Die bedeutendste Erscheinung der Lachkultur in der Neuzeit ist für Bachtin der russische Dichter Gogol. »Das ukrainische Feiertags- und Marktleben, mit dem Gogol gründlich vertraut war, bildet das Organisationsprinzip für die meisten Erzählungen ... Der Feiertag, die mit ihm verknüpften Überlieferungen, seine besondere Atmosphäre von Heiterkeit und Freiheit führen das Leben aus seinen gewöhnlichen Gleisen heraus und lassen Unmögliches möglich werden. In den Erzählungen von Feiertagen und anderem mehr spielt das fröhliche Teufelspack, das in seinem Charakter, seinem Ton und seinen Funktionen den heiteren karnevalistischen Gespenstern der Hölle und den Satanen verwandt ist, eine zentrale Rolle. Essen, Trinken und das Geschlechtsleben haben in diesen Erzählungen einen feiertäglichen, karnevalesk fastnachtartigen Charakter. Verkleidungen und Mystifikationen, Prügeleien und Entglorifizierungen dominieren. Letzten Endes ist das Gogl'sche Lachen in diesen Erzählungen das feiertägliche Lachen des Volkes.«[25]

Michail M. Bachtin spricht von den Traditionen des »grotesken Realismus«. »Ihre Pflanzschulen waren vornehmlich geistliche Schulen, Priesterseminare und Akademien ... Wandernde Scholaren (Bursaken) und niedere Kleriker, »gereiste Küster« verbreiteten die mundartlich rekreative Literatur der Schwänke, Anekdoten, kleinen sprachlichen Travestien ...« Diese Traditionen lebten fort in den Tischgesprächen der ukrainischen, vornehmlich aus geistlichen Kreisen hervorgegangenen Raznocincen-Intelligenz. Bachtin muß es selbst erlebt haben: »Das freie rekreative Lachen des Bursaken war dem Feiertags-Lachen des Volkes verwandt, einem Lachen, das an den Abenden zu hören war, und dieses ukrainische Bursaken-Lachen war zugleich der entfernte Kiever Widerhall des westlichen ›risus paschalis‹, des Oster-Lachens.«

Bachtin erkennt im Stil Gogols zahlreiche Partikel der Lachkultur des Volkes wie zum Beispiel die grobe schaubudennahe Volkskomik. »In der Schaubude herrschte der Stil der sich in den Gang der Handlung einmischenden Rede des Schaubudenschreiers mit ihren Tönen ironischer Reklame und Anpreisungen, mit ihren Alogismen und ihren beabsichtigten Ungereimtheiten ... Die Welt der ›Toten Seelen‹ ist die einer heiteren Hölle.«

Das positive, helle, hohe Lachen Gogols, das auf dem Boden der Lachkultur des Volkes gewachsen ist, wurde nicht verstanden, in vielem blieb es bis heute unverstanden. Gogol selber schrieb: »Das Lachen ist bedeutsamer und tiefer, als man denkt«, er nannte es »göttlich«, »Lachen wie die Götter«, das gibt es beim einfachen Volk. Nach Bachtin setzen Autoren wie Gogol, Rabelais, Sterne oder Cervantes durch ihre Nähe zum ursprünglichen Lachen die »primitive Vorstellung von einer gradlinigen Vorwärtsentwicklung, wie sie in normativen Konzepten aufscheint, außer Kraft.« Damit leuchtet die besondere Bedeutung des Lachens auf: es enthüllt einen besonderen Aspekt der Welt insgesamt.

Das von Gogol beschriebene Lachen ist »kritisch und selbstkritisch«, das heißt, daß in das Lachen immer die eigene Person eingeschlossen ist. Nur über andere zu lachen kommt nicht vor, immer lacht man auch über sich selbst. Von hier aus ist es sehr einsichtig, daß die gesellschaftliche Oberschicht nicht lacht. Sie wird bestimmt von einer »völlig legalisierten offiziellen, von Rängen und Uniformen geprägten Welt« und stößt zusammen mit einer Welt, »in der alles lächerlich und unseriös ist, in der nur das Lachen seriös ist.«

Am »Lachen wie die Götter« hat nach Bachtin der Satiriker keinen Anteil. »Der lachende Satiriker pflegt nicht fröhlich zu sein. Im äußersten Fall ist er düster und finster. Bei Gogol aber besiegt das Lachen alles. Insbesondere ist es eine Katharsis der Abgeschmacktheit.«

LACHKULTUR IN DER MUSIK. Den Freunden klassischer Musik weitgehend unbekannt. Bei Aufführungen klassischer Musik (Sinfoniekonzert, Messen, Opern, Solorecital) wird nicht gelacht. Im Gegenteil, Musiker und Publikum betonen den gehobenen feierlichen Ernst eines solchen kulturellen Anlasses durch ihre Kleidung: Frack oder dunkler Anzug. Man lacht nicht laut bei klassischer Musik, nicht einmal bei Werken, die es vielleicht darauf anlegen: Till Eulenspiegels lustige Streiche, die Sinfonie mit dem Paukenschlag, die Wut über den verlorenen Groschen, Papagenos Abschied vom Leben. Vielleicht lächelt man mit der von Lord Chesterfield empfohlenen Zurückhaltung. Michail M. Bachtin sprach es deutlich aus: es lacht nur das einfache Volk und das geht aber nicht in Konzerte mit klassischer Musik. Bei Sinfoniekonzerten, Opern, Soloabenden ist die Oberschicht unter sich, unter Gleich-Erzogenen. Niemand lacht. Der Ursprung der zentraleuropäischen klassischen Musik ist der historische Grund dafür.

Der Konzertbesucher sitzt heute im Konzertsaal oder im Opernhaus vor einem Phänomen, bei dem nie gelacht wurde, nie gelacht werden durfte wegen seiner Hoheit und Würde. Die Tonkunst war immer ernst und ist es geblieben.

Es sind kaum Zeichen zu sehen, daß auf Abhilfe gesonnen wird.

→ ZWEISTIMMIGKEIT VON ERNST UND LACHEN, S. 191

KÖLN

Geburtsstadt von Jacques Offenbach. Die Lage und die Geschichte der Stadt haben bei ihren Bewohnern einen Umgang mit der Welt und mit dem Leben hervorgebracht, der sich in anderen deutschen Landstrichen so nicht findet. In der Denkweise und der Kunst von Jacques Offenbach ist er jedoch deutlich zu erkennen. - Die Kölner weisen mit Genugtuung darauf hin, daß ihre Stadt nie von einem Fürsten beherrscht wurde. Sie waren also nie Untertanen eines Feudalherren, sie haben nie Unterwürfigkeit gelernt oder praktizieren müssen. Besonders stolz ist die Stadt auf ihre Vorfahren, die 1288 in der Schlacht bei Worringen den Erzbischof aus der Stadt hinausschmissen. Er residierte fortan in Bonn oder Brühl. Im Jahr 1475 bestätigte Kaiser Friedrich III. der Stadt Köln ihren Status der Freien Reichsstadt. Ihre Verwaltung und ihr Lebensstil wurden von Handelsherren, Kaufleuten und reichen Handwerkern bestimmt. So erwarben sich die Kölner im Lauf der Jahrhunderte den eigenen Umgang eines freien Bürgers mit der Obrigkeit.

Köln war eine Gründung des römischen Militärs. Von den Römern übernahmen die ubischen Ureinwohner die alljährlichen Feiern der Saturnalien. Dazu gehörte die Verulkung der Machthaber mit der Folge, daß es hinfort keine Heldenverehrung und keinen Heroismus in Köln gab. Diese Einstellung zur Macht ist in Offenbachs und seiner Librettisten Darstellung von Königen, Göttern, Fürsten, dem Militär und der Polizei zu erkennen. Es geht respektlos zu. Das Publikum betont, daß es diese Botschaft als entspannend und lebenserleichternd empfindet. Der Abstand zum Personarium der Werke Richard Wagners ist immens, keine der Figuren von Jacques Offenbach könnte in einer Wagner-Oper auftreten.

Aus dem alljährlichen Training bei den Saturnalien - später Karneval - festigte sich im Lauf der Jahrhunderte die Kölner Philosophie, die auch die Erziehung bestimmt, daß man über alles lachen kann, auch schonungslos, jedoch nie nur zu Lasten anderer. Auch Michail M. Bachtin sprach schon von dem Lachen, das »kritisch und selbstkritisch« zugleich ist. Zur Kölner Lehrmeinung vom Lachen gehört, daß man sich in alle Witze, die man macht, selber einbeziehen muß, über sich selber genau so lacht wie über andere vor allem aber nie über die Schwächeren. Das geschieht jedoch bei Wagners Gestalten Beckmesser und Mime. Bei Offenbach lachen alle zusammen über die Obrigkeit, über die Stärkeren, über das ganze Zweite Kaiserreich unter Napoleon III. Das Lachen ist für Jacques Offenbach und seine Texter eine der selbstverständlichen bürgerlichen Freiheiten, allerdings auch eine Möglichkeit des zivilen Ungehorsams. Dieser ist in einem Werk Wagners undenkbar. Außer der Tatsache, daß Offenbach Jude war, mußte er im Reich Hitlers auch wegen dieser Freiheit gegenüber der Macht und der Aufforderung zum Ungehorsam verboten sein. Eng verbunden damit ist eine andere rheinische Haltung: die Menschen dieser Gegend sind nicht fanatisierbar - auch das war ein Alptraum für die Machthaber des Dritten Reiches.

Dank seiner Lage am Kreuzungspunkt des Rheins und der Militärstraße von West nach Ost stand der Platz Köln von Anfang an im Austausch mit allen Himmelsrichtungen. Für die Bewohner ergab sich daraus die Notwendigkeit, sich immer wieder mit unterschiedlichsten Besatzern oder Eindringlingen, mit Fremden zu arrangieren. Das geschah mit den Römern, denen sich die germanische Ureinwohnerschaft der Ubier unterwarf, das geschah mit den Franzosen nach Napoleon, es geschah schmählichweise viel zu sehr mit den Nazis, denen die Kölner keinen organisierten Widerstand entgegensetzten. Das Schauen in alle Richtungen verhalf den Kölnern zu ihrer Weltoffenheit, erleichterte dem jungen Jacques Offenbach das Einleben in Paris. Allerdings blicken die Kölner im Zweifelsfall sowieso eher nach Westen als nach Berlin. Sie denken immer noch an ein Rheinland, das nicht zum übrigen Deutschland gehört. Das hatte es einige Male in der zweitausendjährigen Geschichte gegeben, zuletzt im Jahr 1918, als viele Bürger sich für die Gründung einer selbständigen »Westdeutschen Republik« aussprachen, befürwortet von Konrad Adenauer, dem damaligen Oberbürgermeister von Köln.

Die Stadt Köln trieb auch mit ihrem außergewöhnlichen Sohn Jacques Offenbach keine Heldenverehrung. Sein Geburtshaus Am Großen Griechenmarkt wurde im Jahr 1870 abgerissen und erst nach dem Zweiten Weltkrieg ließen die Kölner sich herbei, einen großen Platz der Stadt, den vor der Oper, mit seinem Namen zu schmücken: Offenbachplatz. Das Historische Archiv der Stadt Köln bewahrt zwar Offenbachs Nachlaß, soweit er greifbar war, auf, und der Westdeutsche Rundfunk stattete 1980 auch den hundertsten Todestag angemessen aus, eine Offenbach-Gesellschaft wie es sie nur in Bad Ems gibt, hat Köln nicht gegründet.

Jacques Offenbach kam von Paris aus nicht selten in seine Vaterstadt, immer um seine Geschwister und seine Eltern, solange sie lebten, zu besuchen. Auch 1848 flüchtete er mit seiner Frau Herminie vor der Revolution aus Paris nach Köln, hatte es dort aber materiell sehr schwer: man erkannte nicht an, was er konnte. Auch als er einige Jahre später in Köln eine eigene Operette aufführte, wurde das zur Niederlage. Er war kein »fanatischer« Kölner, er sprach von seiner Geburtsstadt anscheinend nur, soweit es um seine elterliche Familie ging. Noch weniger war er sicher ein »Deutscher« mit Nationalgefühl, wenn überhaupt war er ein separatistischer Deutscher. Sich selbst bezeichnete er als »Franzosen«.

In Paris hat niemand von seiner engen Verbindung zum Rhein gewußt, man hatte kaum wahrgenommen, daß der mehr oder weniger glatt Französisch sprechende Jacques ein Ausländer war. Eine französische Offenbach-Biographie meinte: »Man hat nie begreifen können, daß er in Köln geboren ist.«[26] Sie haben andrerseits auch nicht gewußt, wieviele Elemente aus seiner rheinischen Heimat in seinen Werken verarbeitet sind.

Es ist sicher eine Einengung, Offenbach, wie auch Ludovic Halévy aus ihrer Herkunft erklären zu wollen, ihre grandio-

sen von Esprit und Menschlichkeit funkelnden Produkte darauf zurückzuführen. Man kann ihren Geist auch nicht mit der Pariser Gesellschaft gleichsetzen - das Publikum war vermutlich so dumm und so engherzig wie Publikum immer war und ist. Nicht Köln, nicht Paris und nicht die Tradition der jüdischen Spielleute brachten diesen Stil, diesen Ton, diesen Esprit hervor, sondern allein die Genialität, der untrügliche Geschmack, die politische Keckheit und - nicht zuletzt - die moralische Integrität der drei Kollaborateure Offenbach, Halévy und Meilhac. Sie waren um einige Etagen witziger, schmissiger, geistreicher als es eine Gesellschaft als ganze sein kann. Sie konnten sich einiges herausnehmen, und die Menschen strömten aus ganz Europa nach Paris in die Bouffes-Parisiens und spendeten schrankenlos Beifall.

Kölner Karneval

Das Wort »Karneval« wird unterschiedlich erklärt: die volkstümlichste Übersetzung heißt »carne vale« = Fleisch ade. Das bezeichnet dann wie das Wort Fastnacht den letzten Termin für Lebensgenuß und Völlerei vor der Fastenzeit. Es gibt auch den Bezug zu »carrus navalis«, dem lateinischen Wort für den Schiffskarren der Isis, der im alten Ägypten zur Frühlingszeit als Kultgegenstand gefeiert wurde. Die Römer übernahmen ihn und zogen ihn bei ihren Saturnalien auch durch die Ubierhauptstadt Köln. Seitdem gibt es dort bei den Festen zu Ehren des Saturn Umzüge, bis zum heutigen Rosenmontagszug. Den Kölnern ist ihr römischer Ursprung immer präsent geblieben, bis zu der Ansicht, daß Rom ein Vorort von Köln sei. Der Köln-Spezialist Konrad Beikircher entwickelte daraus einen besonderen rheinischen Typ: »Er ist der levantinische Mensch schlechthin, der Rheinländer. Er ist der einzige Mensch deutscher Zunge, der den Begriff Geschichtenerzähler wirklich verdient. Diesen Titel verdankt er vor allem der Fähigkeit, aus Nichts eine Erzählgirlande flechten zu können, Karl Kraus hätte vielleicht gesagt: auf einer Glatze Locken drehen zu können.«[27]

In der gesamten antiken Welt waren Saturnalien alljährlich bedeutende Freudenfeste. Die Mythologie behauptet, daß Saturn mit seiner milden Herrschaft Freiheit und Glückseligkeit, schlichtweg das »Goldene Zeitalter« beschert habe. Das sollte alljährlich beschworen werden. Es wurde zum Beispiel nicht gearbeitet. Lucian sagte:

»Es ist mir innerhalb der Saturnalien nicht gestattet, etwas Ernsthaftes oder Wichtiges zu tun, sondern bloß zu trinken, zu lärmen, zu scherzen und Würfel zu spielen, Festkönige zu wählen, die Sklaven zu bewirten ...« Die sonst streng geübte

Hierarchie wurde an diesen Tagen ins Gegenteil verkehrt. Die Herrschenden erschienen statt in der Toga im Hauskleid und die Sklaven erlaubten sich, während der Festzeit mit weißer Toga oder im Purpurrock durch die Straßen zu gehen. Gleich den Freien trugen sie Hüte, jene spitze Kopfbedeckung, die viel später erst das Attribut der Clowns und Narren wurde. Die Verkleidung und die Gesellschaftskritik blieben die wichtigsten Elemente des Karnevals, es war ein erinnerndes Sehnen nach dem glücklichen Urzustand der Menschheit vor der Entstehung des Staates mit all seinen Hierarchien und Zwängen. Spott und Lust sollten über die irdischen Fesseln, über das dauernd Ungerechte in dieser Welt triumphieren. – Das ist nicht spezifisch römisch. Aus dem dritten vorchristlichen Jahrtausend gibt es auf Ziegelsteinen aus Babylon Nachrichten über Feste mit Zechgelagen und Fröhlichkeit, die sieben Tage dauerten. Auch dort wurde ein Prunkschiff umhergefahren und auch dort ging der Sklave an der Seite seines Herrn.

Die Kölner zeichneten sich anscheinend als begabte Teilnehmer und Arrangeure der Karnevalsfeste aus. Das brachte ihnen Schwierigkeiten, sowohl mit der Kirche, die Völlerei und Hurerei als Ärgernis ansah und der »die heidnische Tobung« suspekt war, wie auch mit den Machthabern, denen die Umkehrung von Oben und Unten und der damit verbundene Spott auf die Regierenden (bis zu den heutigen Rosenmontagszügen das Signum für ihre Qualität) unheimlich waren. Die Kirche versuchte vom Spätmittelalter bis zur Barockzeit immer wieder, den Karneval einzuschränken, die politischen Machthaber taten es ebenfalls: die Franzosen verboten von 1795 - 1803 in Köln den Karneval, ebenso die Preußen nach ihrer Regierungsübernahme in den Rheinlanden 1815.

Ab 1822 war der Karneval wieder erlaubt. Ein akademisch gebildeter Herrenclub tagte im Sommer 1822 in Köln als »Olympische Gesellschaft«, die das Ziel hatte, die karnevalesken Saturnalien wiederzubeleben. Es gehörten Kaufleute, Advokaten, Professoren, Ärzte, Stadträte und Buchdrucker dazu, klangvollste Kölner Namen waren vertreten: Franz

Ferdinand Wallraf, J. M. Dumont, Mathias Joseph De Noël, Heinrich von Wittgenstein, der Komponist Leibl, der Vater des Malers, wie auch ein Mitglied der angesehenen Familie Mevissen. Sie planten das Karnevalsfest 1823 und richteten es aus. Zum ersten Mal ging ein Umzug durch die Stadt. In den folgenden Jahren trug jeder Zug ein Motto:

1824:

»Die Fürstin Venetia besucht den Helden Karneval in Köln«. Simon Oppenheim aus der bekannten Bankiersfamilie stellte die »Venetia« dar.

1825:

»Der Kampf der unbefangenen Fröhlichkeit gegen Stumpfsinn, ängstliche Convenienz und Überklugheit«.

1826:

»Mondgecken kommen zu Besuch nach Köln«. – Ein Kunterbunt verrückter Gestalten, die heillose Verwirrung stiften, weil sie alles und jedes verbessern wollen.

1827:

»Die Prüfung«. Die Narren sollen sich ihres »Helden Carneval« würdig erweisen.

1828:

»Die alte und die neue Zeit« stritten am Rosenmontag heftig miteinander. Held Carneval sprach endlich das weise Urteil, daß er beide zu Narren erhöhte.

Johanna Schopenhauer, die Mutter des Philosophen und Apologeten des Pessimismus, hat mehrere Züge beschrieben.

Die Wiederbelebung des Karnevals war damals ein Anliegen der großbürgerlichen gebildeten Schicht, sie wollte die Tradition der römischen Saturnalien wieder auferstehen lassen. Antike Sagengestalten zogen gemeinsam mit rheinisch-kölschen Originalen durch die Stadt, eine Verbindung von Intellektuellen und einfachem Volk, wie sie nur selten glückt.

Alles wurde mit humoristischem Ernst und würdiger Feierlichkeit betrieben. 1827 konnte H. von Wittgenstein mit einigem Stolz feststellen: »Das Faschingsfest in Cöln hat seit fünf Jahren eine Bedeutsamkeit gewonnen, die ihm die

Aufmerksamkeit des gebildeten Deutschlands und den Beifall der Freunde ächter Nationalfeste erworben hat ...«

Als der erste organisierte Karnevalszug 1823 durch die Straßen von Köln zog, war Jacques Offenbach fast vier Jahre alt. Die folgenden zehn Jahre verbrachte er noch in seiner Vaterstadt, erlebte also alljährlich das Begängnis des Karnevals. Die Nachwirkungen sind in Offenbachs Werken noch lange nachzuweisen: in den Personen, den Stoffen, der Musik seiner Bühnenstücke und in der Grundhaltung, nämlich im Lachen über falsche Heiligkeit, in der Verhohnepiepelung der Oberen.

Auf Offenbachs Bühne gibt es Übernahmen aus dem Karneval. Die Anregung zur »Schönen Helena« geht zum Beispiel auf Köln und seinen Karneval zurück.

»Paris: Auf dem Berge Ida kam es bei der Schönheitskonkurrenz zwischen drei Göttinnen zu einer weltberühmten Differenz. ›Evoë‹! Ja, diese Göttinnen sind ziemlich raffiniert. ›Evoë‹! Sie wissen, wie man einen jungen Mann verführt. Da kam ein schöner junger Bursche durch den Wald spaziert einen Apfel in den Händen, ahnst du schon, was jetzt passiert? »He! Hallo! du schöner Jüngling, nicht so eilig! Einen Moment! Gib doch der Schönsten von uns Dreien deinen Apfel als Präsent. ›Evoë‹«.

Dieses »Evoë« kam im Kölschen vor; es war eine lateinische Form des griechischen »euoi«, ein Ausruf bei Bacchusfesten. Um 1820 gab es in Köln ein Gedicht »Das Winzerfest oder die Huldigung des Bacchus«, das ebenfalls dieses »Evoë« enthält. Auch die Idee und die Handlung von »Orpheus in der Unterwelt« hat Offenbach von einem Besuch in Köln mit nach Paris genommen.

Die Rückbeziehung auf die Antike spielte im Kölschen Karneval dank seiner humanistisch gebildeten Wiederbeleber die zentrale Rolle. Das erstreckte sich bis in die Parodie. Anfang der dreißiger Jahre hielt ein gewisser E. Stoll eine Kölsche Vorlesung, die man seit 1829, seit der Einrichtung der »Bütt«, Büttenrede nennt und in der er für Jupiter, Pallas Athene, Bacchus, Venus - eigentlich für die ganze Welt - ihren Ursprung in Köln nachweist.

Wenn Jacques Offenbach dreißig Jahre später in Paris die antiken Sagen von Orpheus und Eurydike oder von der Schönen Helena vom Olymp herunterholt, in die Gegenwart und ins Private plaziert, tut er das Gleiche wie der Büttenredner Stoll. Das war aber auch das Erkennungszeichen der späteren Offenbachschen Komik und Durchschlagskraft: das plötzliche Umschlagen vom Erhabenen ins Triviale mittels scharfer Kontraste.

Bei Richard Wagner findet das nie statt, wie es auch den römisch-kölschen karnevalesken Tausch von Oben und Unten nicht gibt. Die Umkehrung des Hohen und des Niedrigen wenigstens ein Mal im Jahr setzt die feste Rangordnung außer Kraft. Bei Richard Wagner bleibt die Rangordnung ohne Einschränkung erhalten.

Einer der engagiertesten Wiederbegründer des Kölner Karnevals, der Komiteepräsident Heinrich von Wittgenstein, gründete 1825 eine »Offizielle Carnevals-Zeitung«. Er stellte die Texte dafür zusammen und nahm in kölsch-römischer Tradition kein Blatt vor den Mund, geriet damit ins Schußfeld der Zensur und nach fünfjährigem Bestehen wurde die Zeitung verboten. - Die aktiven Betreiber des Karnevals waren damals eng mit den politischen Ereignissen verbunden. Der Jugendfreund Offenbachs, Karl Cramer, der Verfasser der Kölner Version des »Orphée«, gehörte mit Karl Marx und Friedrich Engels zu den Begründern der »Rheinischen Zeitung«, in der Marx 1848 das »Kommunistische Manifest« veröffentlichte. Es herrschte damals in Köln eine bislang ungekannte Aufbruchstimmung und die aus Paris kommende Revolution brach hier früher aus als in einer anderen Stadt. Aber bereits 1849 wurde die Revolution niedergeschlagen. Karl Cramer mußte in die Schweiz fliehen, kehrte erst 1851 nach Köln zurück. Dann traf er Jacques Offenbach.

Ein Hinweis auf Offenbachs »Großherzogin von Gerolstein« bietet sich an: das Textbuch war nach kölsch-karnevalistischem Vorbild so sehr auf die Gegenwartspolitik bezogen, daß die Zensur eingriff und Streichungen und Änderungen verlangte.

Einer von Offenbachs Musiklehrern in Köln war C. Leibl ein damals bekannter Komponist von Karnevalsliedern, die es alljährlich - bis auf den heutigen Tag - neu geben mußte. Manche Melodien Offenbachs zeigen deutlich ihre Herkunft aus Vorbildern des Lehrers Leibl.

Besonders prägend für Offenbachs kompositorisches Denken war eine der hervorstechenden musikalischen Formen des Karnevals aus seiner frühen Kölner Jugendzeit, das Divertissementchen. Das waren Theateraufführungen mit kölschen Texten, dabei waren die Musiker Dilettanten und die Musik eine Mixtur von klassischen Opernmelodien und flotten Operetten-, Karnevals- und Schlagerweisen. Männer verkörperten Frauenrollen und tanzten Damenballett (bis heute die ›Wolkenschieber‹). Das war Kölsche Groteske in Reinkultur. Die Lust an der Parodie wird Offenbach nicht mehr verlassen, dafür legt sein Plan Zeugnis ab, in den 1. Akt der »Schönen Helena« eine Parodie auf Wagners »Tannhäuser« einzuarbeiten. Es wäre etwas Ähnliches zustande gekommen wie das von der Kölnischen Zeitung für das Stück »Mordgrundbruck« angepriesene: »Eine schlagendere und gelungenere Parodie auf unseren modischen Helden-Opern-Unsinn gibt es nicht ...«[28] - Die Unvereinbarkeit der Positionen der beiden deutschen Musiker und Zeitgenossen Jacques Offenbach und Richard Wagner dokumentiert sich auch darin.

Die Rosenmontagszüge zeigten von Anfang an Offenheit für Exotisches, für Ausländer, was die Lage Kölns als Verkehrskreuzung von Römerzeiten an geradezu erzwungen hat. Im Zug von 1824, als »Die Fürstin Venetia den Helden Karneval in Köln besuchte«, traten Chinesen, Mandarine, Derwische, Zigeuner, Gesandte aus Griechenland, Peru, Indien und der Türkei auf und mitten dazwischen immer das Hänneschen mit dem Besteva und der Marizebil. Im Zug von 1825 marschierte der »chinesische Mandarin Schall a Bell« mit, eine Erinnerung an den Kölner Johann Adam Schall von Bell, der 1592 in Köln geboren, nach China als Missionar ging und dort oberster Staatsdiener und enger Berater des chinesischen Kaisers wurde. Er starb 1666 in Peking. Auch dieses Motiv wurde in einem Divertissement behandelt und tauchte in Offenbachs ungemein spritziger Operette »Bataclan« auf.

ORPHÉE AUX ENFERS

»Orphée aux Enfers«. Über die Entstehung dieser Offenbachiade erschien in der von W. Kaulen herausgegebenen »Frankfurter Feuilleton-Correspondenz« vom 21. März 1877 ein Artikel mit dem Titel »Ein Theater-Geheimnis«: »In der Mitte der 50er Jahre unseres Jahrhunderts kam ein Pariser Musiker nach Köln. Er wollte seine Heimat wiedersehen; denn er war ein Deutscher und in der Hauptstadt des Rheinlandes geboren, hatte sich in Paris eine geachtete Stelle als Geiger [!] erworben und ähnelte in der Figur sogar dem größten Violinisten aller Zeiten, Nicolo Paganini. Dieser Musikant besuchte in Köln seinen Schulkameraden (?) Karl Cramer, der sich als Journalist und Poet redlich, aber karg ernährt ... Der Pariser Freund erfuhr von des kölnischen Poeten nicht beneidenswertem Schicksal.« Der Musiker, Jacques Offenbach, fragte den schriftstellernden Jugendfreund darauf: ›Hast Du Dich noch nicht auf dem Gebiete des Dramas versucht, hast du noch kein ›Stück‹ geschrieben?‹

›O ja, schon einige. Mein Lustspiel ›Die Bursenbraut‹ (Burschenbraut) hat sogar Erfolg auf dem hiesigen Theater gehabt. Im letzten Karneval habe ich überdies einen komischen Operntext geschrieben, aber leider rein vergeblich. Denn der mir so befreundete, sehr hochbegabte Musiker hat nicht Zeit gefunden, den Text zu komponieren, und so liegt mein Manuskript noch da.‹ ›Was hattest du denn für ein Thema gewählt?‹ ›Ich war auf den närrischen Gedanken gekommen, die griechische Mythologie zu travestieren. Ich lasse in meiner verunglückten Oper alle Götter und Göttinnen des Altertums erscheinen, Zeus an der Spitze. Der alte Beherrscher des Olymp will seine Autorität geltend machen, aber die Untergebenen verspotten ihn und halten ihm seine zahlreichen Liebesabenteuer verhöhnend vor mit der Drohung, all seine Affären seiner eifersüchtigen Gattin Juno verraten zu wollen, wenn er sich nicht absolut liebenswürdig betrüge. Unter der Maske der Götter und göttlichen Menschen geißele ich nun unsere guten deutschen Spießbürger, persifliere die politischen Zustände, die eben jetzt seit der Wiedereinsetzung des deutschen Bundes (Sept. 1850) sehr viel Stoff zur Satire bieten und lasse allen meinen tollen Einfällen, wie sie eben die Karnevalszeit ganz naturgemäß mit sich bringt, freien Lauf.‹«

Offenbach horchte auf. Die Travestie einer Göttersage leuchtete ihm ungemein ein. Er sah das blasierte Publikum seiner kleinen Pariser Bühne und stellte sich vor, wie pikant und anzüglich sich die Figuren und Situationen vorführen ließen. Er bat Karl Cramer, ihm das Manuskript anzuvertrauen. Er wollte versuchen , Musik dazu zu schreiben.

»Bereitwillig gab Karl Cramer das Stück seinem Freunde. Aber ehe derselbe noch die Noten zum ersten Akt gesetzt hatte, bekam er die Nachricht von des Dichters in Köln erfolgtem Tode. ... Das Anbequemen des Textes an die Musik, mußte nun anderweitig besorgt werden und Offenbach übertrug sie seinen französischen Librettisten Meilhac und Halévy. Einige Jahre nach Cramers Tode [gest. 1860] erschien in den Bouffes-Parisiens seine Dichtung. Sie machte die Runde um die Welt. Ihr Titel ist «Orpheus in der Unterwelt« von Jakob Offenbach. Die französischen Librettisten haben nachher das Geschäft fortgesetzt - mit aller Frivolität, aber ohne den gesunden deutschen Witz des kölnischen Karnevalspoeten.[29]

Kölner Puppenspiel

Genannt »Kölsch Hänneschen«. Als Begründer des Kölner Hänneschens wird allgemein Christoph Winters genannt. Er wurde 1772 in Bonn geboren, erlernte das Schneiderhandwerk, konnte sich aber in dem während der französischen Besatzungszeit verarmten Rheinland davon nicht ernähren. Er heiratete 1800 die Tochter eines Kölner Spezerey-Händlers. Wie er und seine Frau sich durchgeschlagen haben und wie es zur Begründung des Kölner Hänneschen-Theaters kam, berichtet eine höchst romantische Familienlegende: »Weil er keine Existenz fand, besorgte er sich einen Guckkasten, und da seine Frau in Metz reiche Verwandtschaft hatte u. a. ein Bankhaus, beschlossen beide, die Reise nach Metz mit dem Guckkasten zu unternehmen. Sie beschafften sich dafür einen Wagen, der vorne einen kleinen Aufbau hatte und hinten einen Treppenaufgang zur Besichtigung des Guckkastens. Vorne im Wagen wurde geschlafen. So wanderten sie frohen Mutes mit ihrem Thespiskarren den Rhein hinauf bis Koblenz und von dort über den Hunsrück nach Metz. Unterwegs auf dem Hunsrück lag zu dieser Zeit die Bande des berühmten Hauptmanns Schinderhannes. Sie stießen auf die Vorposten, welche sie anhielten und dem Räuberhauptmann vorführten. Da sie ihm ihre Armut erklärten, gab er ihnen die Parole und schenkte ihnen einen Reichstaler, zu der Zeit 23 Silbergroschen wert.«

Das Ereignis regte sie dazu an, später ein Schinderhannes-Stück auf den Spielplan zu setzen. »Nun zogen sie weiter nach Metz. In Metz angekommen, sprach Frau Winters bei ihrem Onkel um Unterstützung vor, worauf der Bankier sie schroff zurückwies, weil sie einen Deutschen geheiratet hätte.

Christoph Winters ließ sich als echter deutscher Mann diese Heruntersetzung nicht gefallen und fuhr seinen Karren vor das Haus des Bankiers. Seine Frau rekommandierte in französischer Sprache und erklärte, daß dies ihr Onkel wäre, der sie so darben ließ; und wie es im Heißblut der Franzosen liegt, schimpften die Zuschauer und warfen ihnen Geld hin, so daß sie es mit dem Hute wegtragen mußten. Dadurch zu Geld gekommen, fuhren sie schleunigst wieder nach Köln. Mittlerweile hatte in Köln ein gewisser Hofmann in der Heumarktgegend ein Puppentheater eröffnet.«

Dort ist das Hänneschen-Theater noch heute. Christoph Winters wollte auch als Zuschauer dies Theater besuchen, wurde aber in brutaler Weise von Hofmann, weil es voll war, zurückgestoßen. »Durch dies erbost ging er fort mit den Worten: ›Das sollst Du bereuen!‹ und hatte innerhalb von acht Tagen sich selbst ein Puppentheater errichtet«.

Man erfährt sehr interessante Einzelheiten über ein Volkstheater der damaligen Zeit: Unglücklicherweise hatte Hofmann seine Puppenköpfe aus Brotteig gemacht und trocknen lassen. Weil so viele Ratten in dem Lokal waren, hatten die Ratten ihm die ganzen Puppenköpfe abgefressen, so daß er nicht mehr spielen konnte. Es war dies ein Glücksfall, daß dadurch das Winters'sche Puppentheater aufkam. Da nun Hofmann nicht spielen konnte, gingen sämtliche bei ihm beschäftigte Spieler zu Winters über. Nun reüssierte das Winters'sche Unternehmen, das sich bis zum heutigen Tage erhalten hat. Das Puppentheater von Winters wurde zu der Zeit Krippchen genannt, weil es nur vor und nach der Weihnachtszeit Vorstellungen gab und weil es in der Zeit seiner Entstehung meistens Krippen- und Mysterienspiele aufführte. Einige der beliebtesten Stücke waren ›Die drei Jünglinge im Feuerofen‹ und ›Der heilige Lorenzius wird auf der Pfanne gebraten‹. Die Puppe des Lorenzius (Laurentius) war aus Wurstfell gemacht, und wenn die Verbrennungsszene kam, wurde eine große Bratpfanne aufgestellt, Lorenzius darauf geschmissen, von unten bengalisches Rotfeuer angemacht, wodurch die Pfanne erhitzt und diese aus Wurstfell gemachte Figur sich auf der Pfanne in allen möglichen Formen krümmte, zum Gaudium des Publikums, das dann schrie: ›Dä hiff et Bein in de Hüh! Dä hiff nen Arm in de Hüh! Seht ens do ess hä geplatz!‹«

Auf Hochdeutsch: »Er hebt das Bein hoch! Er hebt einen Arm hoch! Seht mal, jetzt ist er geplatzt!«[30]

Die Winters ließen sich dann in Köln nieder, spielten in engen Gassen, ehemaligen Pferdeställen und wurden das Stadttheater der Kinder und der armen Leute, eine Puppenbühne, in deren Produktionen sich unverfälschter rheinischer Volksgeist kundgab. Das Theater erfreute sich auch zu Offenbachs Jugend noch großer Beliebtheit bei jung und alt. Hier konnte er bereits Bekanntschaft mit den Stoffen seiner späteren Parodien wie »Genovefa« oder »Blaubart« machen. Die Hauptgestalt aller Stücke war das Hänneschen, ein junger Bursche aus einfachen Kreisen mit schnippischem Mundwerk, eine Schöpfung des rheinischen Volkes. Vielleicht hat sein Name Anklang an »Hanswurst«, auf jeden Fall ist er verwandt mit dem Arlecchino der Commedia dell'arte, der in der Stadt auf der großen Bühne und auch in Puppenballetten präsent war. Hänneschen hat mancherlei mit Arlecchino gemeinsam: seine Verkleidungslust oder sein Geschick, sich aus verzwickten Situationen immer wieder glücklich herauszuwinden. - Die lustigen Typen der Hänneschen-Stücke sind Figuren aus dem Leben der einfachen Leute der Stadt und der umliegenden Dörfer.[31] Das verleiht dieser rheinischen Form des Puppenspiels seine bodenständige Urwüchsigkeit. - Die Volkstheater proklamierten damals: » ... wir werden beobachten, daß stets die Tugend über das Laster siegt ... dieser Sieg soll Hänneschen als dem Beschützer des Wahren, Schönen und Guten zufallen ...«[32]
Das Publikum dieser Region duldete auch keinen tragischen Ausgang der Stücke.

So mußten sich die Stoffe der großen Bühne, wenn sie übernommen wurden, ebenso wie in Offenbachs Parodien einschneidende »Verbesserungen« gefallen lassen. Romeo und Julia zum Beispiel, wie auch Hamlet durften nicht sterben, die Handlung wurde zurechtgebogen, damit sie am Leben bleiben konnten.

Die Betreiber des Hänneschens hatten ebenso wie die Arrangeure des Karnevalszugs große Neigung zum exotischen Kolorit: manche Stücke spielten in Marokko oder in Tunis, andere wurden nach Persien oder nach Babylon verlegt. Selbst China war präsent mit dem Stück »Za, ze, zi, zo, zu«, das Offenbach in seinem »Bataclan« aufgriff.

Hänneschen und seine Familie waren schon im ersten Rosenmontagszug 1823 mit dabei, und sie kümmerten sich ebenfalls um die Beziehung zur Antike. Als Karnevalsposse führten sie mit den Bauern der Umgebung das Stück »Die Wünsche der Götter des Olympius« auf. Darin stellt der trinkfeste Bestevader den Silenius dar, die Bestemoder die Frau Venus, Bärbelchen die Minerva, Hänneschen den Apollo und der Schulmeister den Jupiter. - Da konnten weder Heldentum noch Weihe aufkommen. Als Wurzel für die Kunst Offenbachs ist das sicher bestimmend gewesen; extrem entgegengesetzt zu den Quellen, die Richard Wagner aufsuchte.

DEUTZ

Judenviertel von Köln. Bereits im römischen Köln gab es eine jüdische Gemeinde. Im Jahre 321 ermächtigte Kaiser Konstantin den Kölner Stadtrat, Juden auch in den Verwaltungsdienst aufzunehmen, was einer ersten Judenemanzipation gleichkam. Aufgrund dieser Verfügung wurde die Kölner Judengemeinde eine der ältesten auf deutschem Boden und eine der angesehensten in Europa. Das Judenviertel lag damals auf der linken Rheinseite in der Nähe der Marspforte, heute wenige Straßen vom Neumarkt entfernt. Dieser Stadtteil wurde 1096 von den Kreuzfahrern in Flammen gesetzt und die jüdischen Bewohner wurden niedergemetzelt - mit tätiger Beteiligung der Kölner Bürger. Dem Erzbischof Hermann gelang es nur mit Mühe, den Ausschreitungen Einhalt zu gebieten und die dem Massaker entronnenen jüdischen Familien in sieben Orten der Umgebung unterzubringen, wo sie allerdings weiteren Gruppen von Kreuzfahrern in die Hände fielen. Im Lauf der folgenden zweihundert Jahre beruhigte sich das Verhältnis zwischen den Kölner Katholiken und ihren jüdischen Mitbürgern soweit, daß um 1308 das Hospital »Grünwald« (später »Allerheiligen« genannt) gegründet wurde, das anfangs nur arme Juden aufnahm, die sich allerdings zum Christentum bekennen mußten. Im 13. Jahrhundert hatte sich die jüdische Gemeinde Kölns zum Zentrum des deutschen Judentums entwickelt. 1321 stellte die Stadt einen Schutzbrief für diese Gemeinde aus. Sie bestand aus etwa 90 Häusern und Hofstätten, in denen schätzungsweise 800 Menschen lebten. Als jedoch in den Jahren 1348/49 in ganz Europa eine Pestepidemie wütete, verbreitete man in Köln das Gerücht, die Juden hätten die Brunnen vergiftet. Der aufgehetzte Mob stürmte das Judenviertel. Männer, Frauen und Kinder wurden erbarmungslos umgebracht, nur wenige Familien konnten sich durch Flucht retten. Weder der Erzbischof noch die Stadt, beide für den Schutz der Juden zuständig, griffen ein und stritten dagegen noch bis ins Jahr 1352 um den Besitz der getöteten Juden. Weitere hundert Jahre später kam es im Zusammenhang mit dem Gesetz zur Besteuerung der Juden erneut zu Auseinandersetzungen, an deren Ende der Rat die Aufenthaltsgenehmigung im linksrheinischen Köln für Juden, die alle zehn Jahre erneuert werden mußte, im August 1423 nicht verlängerte. Im Herbst des folgenden Jahres wurde das Ghetto an der Marspforte aufgelöst, seine Bewohner mußten Köln verlassen. Die meisten Kölner Juden schlossen sich der Gemeinde von Deutz, auf der anderen Rheinseite, gegenüber dem Dom an. Sie erbauten dort eine neue Synagoge.

In diesem Judenviertel wuchs die Mutter von Jacques Offenbach, Marianne Rindskopf, auf. In Deutz ließ sich auch Jacques Vater auf seiner Wanderschaft vom hessischen Offenbach nach Norden nieder. Er trug noch den Namen Isaac Eberst. 1798 konnten wieder Juden auf der linksrheinischen Seite von Köln wohnen, bis 1802 wuchs die Zahl der Familien auf neunzehn an. Sie schlossen sich zu einer Gemeinde zusammen, erwarben zwei kleine Häuser in der Glockengasse für den Gottesdienst und übertrugen die Leitung dem Vorsänger Seligmann Ochse, der den Titel »sacristain de la rive gauche« erhielt. 1816 zog Isaac Offenbach von Deutz nach Köln, Großer Griechenmarkt 1, wo sein Sohn Jakob (Jacques) 1819 als siebtes Kind geboren wurde. Um die Mitte der zwanziger Jahre erhielt Isaac den Posten des Vorsängers an der Synagoge.

Die kleine Synagoge in der Glockengasse wurde 1861 durch eine große neue im maurischen Stil ersetzt. Sie wurde in der Nacht vom 9. auf den 10. November 1938 von den Nazis zerstört.

Isaac Eberst

(1779 - 1850) Vater von Jacques Offenbach, wurde in Offenbach am Main geboren, sein Vater, Juda Eberst, war Schutzjude von Offenbach, verdiente seinen Lebensunterhalt als jüdischer Privatlehrer und soll namentlich im Hause Rothschild im nahe gelegenen Frankfurt unterrichtet haben. Seine schöne Tenorstimme befähigte ihn - den Großvater von Jacques Offenbach - besonders zur Musik, sehr wahrscheinlich hat er auch Musikunterricht erteilt. Ob er aber in Offenbach das Amt des Vorsängers vertrat, läßt sich aus den lückenhaften Gemeindeakten nicht feststellen. Sein Sohn Isaac - der Vater von Jacques - lebte bis zu seinem 20. Lebensjahr in Offenbach. Dort hat er vermutlich auch das Buchbinderhandwerk erlernt, bestand doch in dieser Stadt eine angesehene jüdische Druckerei, die hebräische Gebetbücher und Traktate in alle Welt versandte. Hier erwarb er sich seine Belesenheit im jüdischen Schrifttum. Auch seine musikalische Ausbildung begann in Offenbach: sein erster Geigenlehrer Moses Formstecher, der 1792 in die Offenbacher Judengemeinde aufgenommen worden war, führte seinen Schüler Isaac in die Tradition der jüdischen Lezim ein. So muß Isaac Eberst von Jugend auf mit dem Synagogengesang vertraut gewesen sein. Als er sich 1799 auf die Wanderschaft begab, ein braunhaariger »Judenpursch« im schäbigen graubibernen Überrock, beabsichtigte er laut seinem Reisepaß, »in den Synagogen zu musizieren«, und als wandernder Chasan und Lezim sein Glück in der Fremde zu suchen. Auf diesen Wanderungen musizierte Isaac Eberst nicht nur in den Synagogen, sondern auch in den Kneipen, bei Hochzeitsschmäusen und auf den Tanzböden. Er praktizierte dort wie alle anderen Lezzanim lustige, mitreißende Rhythmen auf der Fiedel, denn »Tantzen, Hupfen und Springen ist der jungen Leut ihre größte Lust darbey.« Auf seinen Wanderungen machte er um 1802 gegenüber dem Torso des Kölner Doms in Deutz halt. In diesem Kölner Vergnügungsort wurde in den Kneipen und Tanzhäusern die unentbehrliche Musik von jüdischen Spielleuten bestritten. Sie bildeten kleine Ensembles, die meist aus drei bis vier Mann bestanden, darunter immer ein Geiger und ein Flötist. Dort fand auch Isaac Eberst Unterschlupf und tat sich nach den Erinnerungen seiner Tochter gegenüber seinen Kollegen durch Geist, Witz und Humor hervor. Er beschloß zu bleiben und nahm den Namen »Offenbach« an, entsprechend seinem Herkunftsort. 1805 heiratete Isaac die in Deutz geborene Tochter Marianne des Geldwechslers und Lotterieeinnehmers Joseph Moses Rindskopf. Es war keineswegs eine Geldheirat, denn die Rindskopfs wurden als »unvermögend« geführt. Die Familienchronik will wissen, daß es eine Liebesheirat gewesen sei. Der Ehe des »Offenbachers«, wie er genannt wurde, mit Marianne Rindskopf entsprossen nicht weniger als zehn Kinder, von denen fünf noch in Deutz geboren wurden. 1816 zogen sie nach Köln, linksrheinisch. Es war keine Kleinigkeit, die ständig wachsende Familie nur mit Musikunterricht und dem Aufspielen in Gaststätten zu ernähren. Eine scharfe Konkurrenz bildeten die zahlreichen ehemaligen Mitglieder der Dommusikkapelle, die durch die Säkularisierung brotlos geworden waren. Isaac Offenbach unterrichtete Gitarre, Flöte, Violine und Gesang. Es muß sehr knapp um die Kasse bestellt gewesen sein. Eine Erleichterung wurde es dann, als er in den zwanziger Jahren den bescheidenen Posten eines Vorsängers in der Kölner jüdischen Gemeinde erlangte, brachte sie ihm doch eine freie Dienstwohnung ein. Trotzdem wandte er sich mehrmals mit Gesuchen um Gehaltserhöhung an den nicht sehr freigebigen Gemeindevorstand. Schließlich erließ er ein Rundschreiben an sämtliche Gemeindemitglieder, worin er um Zustimmung zu einer Gehaltserhöhung bat.

Mit zunehmendem Alter fiel ihm sein Amt schwer. Nach einem harten Leben starb er 1850 an Altersschwäche, wie die Todesanzeige mitteilte.

Isaac Offenbach war ein künstlerisch begabter Mann, der mehrere Kompositionen hinterließ - eine wichtige Anregung für seinen Sohn Jacques. Als Kantor an der Synagoge legte er beachtliches intellektuelles Format an den Tag. Er verfaßte ein längeres Gutachten über den Beruf des Kantors, das in dem Bekenntnis gipfelt: »Die Amtsverrichtung eines Vorsängers besteht nicht bloß darin, der Gemeinde etwas vorzutrillern, sondern ihr Vorbeter bei Gott zu sein.«

Es gibt zwei schriftstellerische Veröffentlichungen von Isaac Offenbach: 1838 die Übersetzung der Hagadah, dem Ritual für die häusliche Feier der beiden ersten Abende des Osterfestes, das auch Heinrich Heine im »Rabbi von Bacherach« beschrieben hat. Die Hagadah ist eins der verbreitetesten jüdischen Volksbücher, das schon der jüdischen Buchkunst des Mittelalters ein beliebter Vorwurf war. Isaac Offenbachs Übertragung unterscheidet sich vorteilhaft von den Vorgängern, die teilweise noch in hebräischen Lettern gedruckt waren, außerdem versah er mehrere Festlieder mit Melodien und fügte drei eigene Kompositionen an, ursprünglich zum Gebrauch für seine Familie geschrieben.

1839 verfaßte Isaac Offenbach ein »Allgemeines Gebetbuch für die israelitische Jugend, hebräisch und deutsch«. Darin zeigt er sich als besonders einsichtsvoller Erzieher und Kinderfreund. Im Vorwort sagt er: »Die in Verse gebrachten Gebete dürften sich zunächst mehr für die zartere Jugend eignen, welche, wie mich langjährige Erfahrung belehrte, eine besondere Lust und Liebe zur gebundenen Rede hat. In ihrem noch durch keinen Mißton gestörten harmonischen Gemüthe findet jede äußere Harmonie so viel Anklang, daß alles in solcher Form ihr Dargebotene tiefe Wurzel schlägt, und leicht aufgefaßt und angeeignet wird. – Das Gebet kann ja ohnehin bei ihr nicht so sehr religiöse Anforderung oder Pflicht sein, als vielmehr nur dazu dienen, das Bedürfnis, sich im Geiste zu Gott zu erheben, zu erwecken, so wie das Gemüth für Religion überhaupt empfänglich zu machen.«[33]

Isaac Offenbach war ein gütiger Vater, er schuf trotz aller materieller Enge mit seiner Frau gemeinsam einen warmen Familienzusammenhalt. Seine Kinder unterrichtete er selbst, da es erst ab 1835 in Köln eine jüdische Grundschule mit Hebräisch als Unterrichtsfach gab. Isaac Offenbach war vielseitig talentiert, ein Kenner der älteren rabbinistischen Literatur und des modernen Reformschrifttums, ein eifrig dilettierender Poet und ein Musiker von beachtlicher Begabung. Als ein Mann von scharfem Intellekt, allem Mystischen und Phantastischen abhold, mit vielfach zitiertem verstandesklaren Spott, eigensinnig wie auch starrköpfig, lebte er in den Erzählungen der Familie fort. Seine fortschrittliche Gesinnung ging so weit, daß er seinen Töchtern den Rat gab, christliche Männer zu heiraten, obschon er selbst mit ganzer Seele am Judentum hing. Auch sein Sohn Jacques heiratete eine Christin: Herminie d'Alcain. Er ließ sich dafür taufen.

Seinen klaren Blick für die politischen und gesellschaftlichen Verhältnisse bewies Isaac auch, als er seine beiden Söhne Julius und Jakob kurz entschlossen nach Paris zum Musikstudium brachte.

Jakob Offenbach

Geburtsregister des Standesamtes Köln 1819, Band II, No. 249:

»Im Jahr tausend acht hundert neunzehn den ein und zwanzigsten des Monats Juni, Morgens zehn Uhr erschien vor mir Franz Rudolf von Monschaw, Beigeordneter des Oberbürgermeisters von Köln, als Beamten des Personenstandes, Isaac Offenbach einundvierzig Jahre alt, seines Standes Musiklehrer, wohnhaft zu Köln, welcher mir ein Kind männlichen Geschlechts vorzeigte und mir erklärte, daß das Kind den Zwanzigsten des Monats Juni Jahres tausend acht hundert neunzehn, Morgens drei Uhr gebohren ist von ihm, Isaac Offenbach, und von Marianne Rindskopf, seiner Ehefrau ohne Gewerbe, wohnhaft zu Köln auf'm Großen Griechenmarkt im Hause No 1, und erklärte ferner diesem Kinde den Vornamen Jakob zu geben.

Diese Vorzeigung und Erklärung haben Statt gehabt im Beisein des Arnold Schneider, neunundvierzig Jahre alt, Schuster, und des Joseph Hamacher, einundvierzig Jahre alt, Standes Bedienter bei ... (unleserlich) wohnhaft zu Köln, und haben vorbenannter erklärender Teil, sowohl als die beiden Zeugen nach ihnen geschehener Vorlesung, gegenwärtige Urkunde mit mir unterschrieben.

(Gez.) Isaac Offenbach
Joseph Hamacher
Arnold Schneider Fr. R. von Monschaw«

Der junge Jakob wurde in Köln nicht bei seinem korrekten Namen genannt, sondern man rief ihn mit einer kölschen Zärtlichkeitsform: Jakob heißt auf Kölsch »Köbes«, und daran hing man die liebevolle Verkleinerungssilbe »chen« an, das »Köbeschen«, korrekt auf Kölsch: »et Köbesje«. - Der Junge hatte sich als Kind selbst das Cellospielen beigebracht. Als Vater Isaac den Sohn aber einmal zufällig hörte, war er des Lobes voll. Und dann blühten dem Köbesje die ersten Konzerterfolge. Ein Inserat in der Kölnischen Zeitung vom 25. November 1830 lautete: »Die Geschwister Offenbach, 3 Kinder im Alter von 10 - 12 Jahren« (sie waren alle zwei Jahre älter, man macht Wunderkinder immer jünger!), ... werden von heute an, den ganzen Winter hindurch, jeden Sonn- und Feiertag, sowie auch jeden Donnerstag eine musikalische Abendunterhaltung aus Piano-Forte, Violine und Violoncello geben, wobei sich durch gute Weine so wie auch durch kalte und warme Speisen bestens zu empfehlen sucht Gastwirtschaft Jeandre, Neumarkt 3.«

»Ambulante Musik« nannte Vater Isaac Offenbach diese Auftritte. Die Kinder spielten auch in anderen Gastwirtschaften und steuerten damit einiges zum schmalen Budget der Familie bei. Jakob, das Köbesje, spielte dabei Cello. Als sich erkennen ließ, wie groß seine musikalische Begabung war, entschloß sich Vater Offenbach, seinen Sohn Jakob, wie auch den älteren Julius, zum Musikstudium nach Frankreich zu bringen, denn in Deutschland war es Juden nicht erlaubt, Musik als Beruf auszuüben. In Frankreich dagegen waren Juden seit der Großen Revolution von 1789 gleichberechtigt. Die Offenbachs machten sich auf nach Paris. Als sie nach vier Tagen und vier Nächten Fahrt in der Diligence dort eintrafen (heute fünf Stunden Fahrzeit!) und sich sofort zum »Conservatoire« begaben, erfuhren sie vom Direktor, Luigi Cherubini: »Bedaure sehr, wir können keine Ausländer aufnehmen.« Der Vater fiel zwar aus allen Wolken, war aber schlagfertig genug zu bitten, daß der Herr Direktor doch wenigstens den jungen hoffnungsvollen Cellisten anhören möge. »Gut, am nächsten Morgen im großen Saal«, hieß es. Der Junge spielte. Das muß wohl phänomenal gewesen sein, denn schon nach einer halben Seite ging der Direktor zu ihm hin, gab dem Jungen die Hand und sagte: »Vous êtes élève du Conservatoire.« Das war an diesem heiligen Institut noch nie geschehen, selbst Franz Liszt hatten sie abgelehnt.

In Paris konnte natürlich niemand »Köbesje« aussprechen, und so schritten Vater und Sohn zur ersten Französierung, der junge Musikstudent hieß fortan »Jacques«, lebte ununterbrochen in Frankreich und erhielt 1860, nach 27 Jahren einen französischen Paß.

Der junge Jacques Offenbach wurde dann ein nicht unbekannter und bei Gesellschaften gefragter Cello-Spieler in Paris – aber sein Sinn stand ihm nach etwas anderem.

OFFENBACH.

Herminie Offenbach

Geb. d'Alcain (1826 - 1887), Frau von Jacques Offenbach. Er begegnete ihr zum ersten Mal, als er bei Herminies Mutter, Madame Mitchell, zu einem Empfang eingeladen war und Cello spielen sollte. Er unterhielt die Anwesenden auch mit Gesang und amüsanten Plaudereien. Das machte auf die sechzehnjährige Tochter des Hauses erkennbar Eindruck. Mit der Konsequenz, daß der fünfundzwanzigjährige Musiker bald ein regelmäßiger Besucher im Mitchellschen Hause wurde. Nach kaum sechs Monaten hielt er um die Hand der noch minderjährigen Tochter an. Drei Gründe sprachen nach Ansicht von Herminies Eltern gegen eine sofortige Eheschließung: das Mädchen war zu jung, Offenbach hatte keine wirtschaftliche Sicherheit und er war kein Katholik. Man stellte Bedingungen. Jacques sollte seine Fähigkeiten auf einer bevorstehenden England-Tournee unter Beweis stellen und zum Katholizismus konvertieren. Der Sproß aus Kölner jüdischem Haus nahm Unterweisungen im katholischen Glauben, der ihm aus seiner Vaterstadt vertraut gewesen sein dürfte und begab sich nach London. Über seine Erfolge in London berichtete er an seine Kölner Angehörigen, die den Brief in die Zeitung setzten. Es heißt dort unter anderem: » ... am 6. Juni 1844 wurde ihm die Ehre zuteil, an den Hof berufen zu werden und vor der Königin von England, dem Prinzen Albert, dem Kaiser von Rußland, dem Könige von Sachsen sowie einer äußerst glänzenden Gesellschaft mehrere Stücke auf dem Violoncell zum größten Beifall der Anwesenden vorzutragen ...«[34] In einem Brief nach Frankreich schrieb er genauer: »Ich habe meine Musette gespielt, und sie haben einen ungeheuren Lärm gemacht, fünf Minuten lang auf den Tisch geklopft und aus Leibeskräften geschrieen: Bis, bis, bis!«[35]

Nunmehr war Jacques ein akzeptabler Bewerber um die Hand von Herminie d'Alcain. Er ließ sich katholisch taufen und am 14. August 1844 gingen Herminie und Jacques die Ehe ein, die 36 Jahre währte. Sie hatten vier Töchter und einen Sohn. Sie waren über viele Jahre eher arm als reich, nämlich bis zu dem Zeitpunkt, wo die Bouffes-Parisiens zu florieren begannen. In ihrer winzigen Wohnung auf dem Montmartre begannen sie aber bald bescheidene, bohèmehafte Gastlichkeiten, die wegen ihrer sprudelnden Stimmung als »les vendredis de Jacques« in der Musik- und Theaterwelt berühmt werden sollten.

Jacques regierte zu Hause als Chef de famille. Hanslick schrieb darüber: »In Offenbachs Hause war nichts von der ›Frivolität‹ zu spüren, die man stets in Verbindung mit seinem Namen bringt. Er machte als guter Hausvater im Kreise seiner Kinder einen durchaus deutsch gemütlichen Eindruck.« Auch andere Besucher waren überrascht von Offenbachs harmonischem Familienleben, im Gegensatz zu dem, was er mit seinen Textern gemeinsam auf der Bühne verkündete. Vorbild für sein Privatleben dürfte sein eigenes Elternhaus geblieben sein. Er war sogar streng: seine Töchter durften nicht zu einer Vorstellung in die Bouffes gehen, bevor sie verheiratet waren. Andrerseits gibt es nicht wenige Geschichten über »Aventures«, die er außerhalb seiner Ehe hatte. Keines scheint das gute Einvernehmen von Jacques und Herminie beeinträchtigt zu haben. In ihrem Verhältnis war keine »Lüge«. Er hörte immer auf die Ratschläge seiner Frau. Nicht eine Seite Musik wurde abgeliefert, die er ihr nicht zuerst vorgespielt hätte und wenn sie sich - sehr selten - einmal gegen etwas aussprach, so war am nächsten Tag eine neue Fassung geschrieben, die Madame Offenbach unterbreitet wurde.

KARIKATUR

Die Jahre, die Offenbach in Paris verbrachte - 1833 bis zu seinem Tod 1880 - fielen zusammen mit der Glanzzeit der französischen Karikatur-Kunst.
1830 fegte die Julirevolution den Bourbonenkönig Karl X. vom Thron. An seine Stelle trat jedoch nicht die erhoffte Republik, sondern eine Kompromißlösung unter dem sogenannten Bürgerkönig, Louis Philippe. Sein Regiment ließ sich zunächst sehr liberal an, mit der Zusage von Pressefreiheit. Diese wurde jedoch wegen der Kritik an Louis Philippe, die umgehend einsetzte, wieder beschnitten. Da besannen die Franzosen sich auf ihren scharfen gallischen Humor und verlegten sich auf die politische Satire, vor allem in ihrer brillanten graphischen Erscheinungsform, der Karikatur. Die Zeitschrift »Le Charivari« - Die Katzenmusik - wurde 1832 gegründet von dem Journalisten Charles Philipon, dem Erfinder der »Birne« als gezeichnetes Porträt des Königs. Er mußte wegen Pressevergehens eine Strafe im Gefängnis absitzen und faßte dort den Entschluß, die satirische Zeitschrift zu gründen. Es gelang Philipon, äußerst witzige Texter und Zeichner zur Mitarbeit zu gewinnen und bis zur nächsten Revolution 1848 geistreich und gepfeffert die Arroganz, die Skrupellosigkeit und Heuchelei der zu neuer Herrschaft drängenden frühindustriellen Schicht, deren Motto hieß »Bereichert Euch!«, anzugreifen. Es waren die gleichen Gedanken, die Offenbach und seine Textdichter in den Bouffes-Parisiens auf die Bühne brachten. Der Starzeichner des »Charivari« war Honoré Daumier (1808-1879): Andere berühmte Karikaturisten gehörten zum Stab: Cham (1819-1888), Paul Gavarni (1804-1866), vor allen der hochberühmte Gill (Pseudonym, 1840-1885), der besonders Personenkarika-

turen zeichnete: es waren 1500, bevor er im Irrenhaus starb. Er arbeitete auch für die anderen Witzblätter »Le Hanneton« (Maikäfer), »La Lune« (Der Mond). Als »La Lune« 1868 verboten wurde, gründete Gill die Zeitung »L'Eclipse« (Die Mondfinsternis) und etwas später »La Lune rousse« (Der rote Mond). Seit 1830 gab es bereits die aus zwei Seiten Text und zwei ganzseitigen Illustrationen bestehende Wochenzeitung »La Caricature«, ebenfalls von Philipon gegründet. Sie sollte durch »Charivari« mit täglicher Erscheinung ergänzt werden. Daumier und Cham lieferten für jeden Tag eine politische Karikatur und brachten die Regierung in Bedrängnis, mit der Folge, daß die Zeitung besonders nach dem selbsterzwungenen Regierungsantritt Napoleons III. immer wieder verboten wurde. Alle diese Blätter veröffentlichten viele Zeichnungen, die sich mit Jacques Offenbach, seinen Mitarbeitern und ihren Stücken befaßten. Es gab einen besonders engen Kontakt: bei einem der berühmten Freitagabende bei Jacques führte der Hausherr mit Ludovic Halévy einen Sketch auf, zu dem Georges Bizet, der 1875 die Oper »Carmen« schreiben sollte, die Musik improvisierte. Den besonderen Spaß an diesem Abend lieferte der damals 24jährige Gustave Doré (1832-1883), als er auf den Händen gehend ins Zimmer kam. Das war im März 1857. Im nächsten Jahr spannten Offenbach und Halévy den genial begabten jungen Maler in ihre Produktion von »Orphée aux Enfers« ein. Er entwarf einen Teil der Kostüme und malte das berühmt gewordenen Bild »Galop infernal«. Dorés Kollege Gill porträtierte ihn mit seinem Zeichengerät für die Zeitschrift »L'Eclipse«.

Die Franzosen sind nicht die Erfinder der Karikatur in der bildenden Kunst. Die Anfänge datiert man bis ins Neue Reich Ägypten zurück. Karikierende Darstellungen besonders aus dem Bereich des Mythos finden sich auch in der griechischen, und körperliche Deformationen bis ins Groteske in der römischen Kunst. Im Mittelalter richteten sich Karikaturen gegen besondere Personengruppen wie Mönche oder Landsknechte. In der Renaissance zeichneten Leonardo da Vinci, Dürer, Bosch und später Bruegel d.Ä. differenzierte und künstlerisch profi-

lierte Karikaturen. Mit Goya beginnt die Reihe bedeutender Karikaturisten des 19. Jahrhunderts, die dann in den französischen Höhepunkt bei »Caricature« und»Le Charivari« mündete.
Offenbach und seine Mitarbeiter hatten nicht nur die gleichen Gedanken und politischen Tendenzen wie die Karikaturisten, sie verfolgten auch in der künstlerischen Realisierung den selben Weg: sie benutzten Parodien, wenn sie zum Beispiel berühmte Themen der Mythologie zur Kritik an der französischen Regierung einsetzten, oder wenn sie in den »Banditen« die Wirtschaftler aufs Korn nahmen. Man kann noch einen Schritt weitergehen und sagen: Offenbach war als Musiker Karikaturist, etwa mit seinen Parodien auf Militärmärsche, auf die Polizei, auf das Getue der Landesherrin in der »Großherzogin von Gerolstein« und bei vielen anderen Gelegenheiten. Das ist die Kunst Offenbachs, die das unbändige Gelächter hervorruft, aber auch den »besonderen Aspekt der Welt« im Sinne Bachtins aufdeckt.

Fromental Halévy

(1799 - 1862) Komponist in Paris, schrieb zunächst ernste und schwere Musik. Ein »De profundis«, ein Werk »Psaume« für Orchester, eine Oper »Marco Curzio« und manches andere mehr, womit er jedoch weder in Wien, wo er sich kurz aufhielt, noch in seiner Heimatstadt Paris große Anerkennung gewann. Nach der Ablehnung von drei großen Opern, die er sowohl der Opéra wie auch der Opéra-Comique anbot, beschloß er, das Genre zu wechseln, nahm sich leichtere Stoffe zum Sujet. Tatsächlich errang er bis dahin ungekannte Erfolge, zum Beispiel mit »La Juive« und »L'eclair«.

Fromental Halévy wurde der Kompositionslehrer von Jacques Offenbach, jedoch nicht als Lehrer des Pariser Konservatoriums. Jacques blieb an diesem Institut nur ein Jahr und verließ es dann auf eigenen Wunsch. Anscheinend genügte ihm der mittelmäßige Cellounterricht seines Lehrers Vaslin dort nicht. Er wechselte zu Mr. Noblin, einem gefeierten Cellisten, bei dem er vermutlich Privatunterricht erhielt. Die beiden Söhne Offenbach verdienten sich in Paris etwas Geld, indem sie in der Synagoge sangen. Jacques war dessen bald überdrüssig. Er konnte eine Cellistenstelle an der Opéra-Comique bekommen. Dort lernte er Fromental Halévy kennen. Er schilderte 1855 im »Artiste« eine seiner ersten Begegnungen mit ihm:

»Im Jahre 1835 war »L'eclair« von Halévy kaum in der Komischen Oper herausgekommen, als »La Juive« in der Großen Oper erschien. Ich war damals noch nicht lange in Paris und natürlich sehr neugierig, die ›Jüdin‹ zu hören, von der man so viel Gutes und so viel Schlechtes erzählte. Ich hatte mich heimlich des Abends gegen sechs Uhr im Hofe der Oper aufgepflanzt und erwartete mit Ungeduld den berühm-

ten Meister. Kurz vor sieben Uhr kam M. Halévy tatsächlich, und mit dem Wagemut eines Bürschleins von dreizehn [sechzehn] Jahren, das ich damals war, näherte ich mich ihm und fragte ihn mit einer etwas unsicheren Stimme, ob ich die Jüdin hören könnte. ›Das ist sehr einfach‹, antwortete er mir, ›und ich freue mich um so mehr, daß Sie mich hierum gebeten haben, als ich mich erinnere, daß Sie bei der Erstaufführung meines ›Blitz‹ als Cellist mitgewirkt haben.‹ Was auch seine Richtigkeit hatte, da ich gerade in das Orchester der Komischen Oper eingetreten war. ›Legen Sie Wert darauf, gut zu sehen?‹, sagte M. Halévy. - ›Lieber Meister, ich möchte vor allem gut hören.‹ ›Dann kommen Sie mit, wir werden zusammen die Jüdin auf Plätzen hören, wo man sehr schlecht sieht, die ich aber immer benutze, wenn ich mir von der Wirkung der Musik, insbesondere der Chöre, Rechenschaft ablegen will‹. Wir stiegen zum dritten Rang hinauf, wo er eine Loge öffnete, und dort, ganz Ohr, verloren wir nicht eine Note dieser herrlichen Partitur.«[36]

Halévy schien mit Jacques Offenbach sehr zufrieden gewesen zu sein. Er schickte 1836, zwei Jahre nachdem Jacques aus dem Conservatoire ausgetreten war, einen lobenden Brief an Vater Isaac nach Köln, in dem er dem Sohn eine erfolgreiche Karriere als Komponist voraussagte.

Der Unterricht bei Halévy dürfte kaum über gelegentliche Beratung und Durchsicht von Arbeiten hinausgegangen sein, hat man doch Jacques Offenbach immer wieder Unkenntnis der primitivsten Satzregeln zum Vorwurf gemacht. Allerdings fühlte sich auch ein anderer französischer Musiker, Charles Lecocq, durch Halévy nicht recht gefördert. Er meinte: »Ich muß gestehen, daß er mir während der zwei oder drei Jahre, die ich in seiner Klasse verbrachte, aber auch rein gar nichts beigebracht hat, und daß seine Lektionen, wenn man sie so nennen darf, nur dazu geeignet waren, mir allen Geschmack an der Komposition zu verleiden.«

Ungeachtet dessen wurde die Oper »L'eclair« von Halévy eine wichtige Orientierung für Offenbach. Sie führte den deutschen Jungen gewissermaßen in das musikalische Paris ein. Anregungen daraus sind in »Pariser Leben« noch zu finden.

BOUFFES - PARISIENS

Als Komponist hatte Jacques Offenbach in Paris sehr große Schwierigkeiten. Mit gelegentlichem Cellospiel verdiente er zu wenig Geld. Er war sehr arm. Allein die Tatsache, daß Pepito, der Bruder von Herminie Offenbach, oft helfend eingriff, hielt die kleine Familie über Wasser. Deshalb faßte Jacques den Entschluß, sein Leben radikal zu ändern. Er schrieb am 9. Mai 1854 an seine Schwester Netta in Köln:

» ... übrigens wird dieses Schreiben alles überflüssig sein, wenn ich Dir sagen werde, daß mein projet welches ich seit Jahren im Kopf habe nach Amerika auf einige Jahre zu gehen wahrscheinlich Anfang September realisieren werde. Alsdann wird meine Frau mit Kindern nach Marseille zu ihrem Vater und ich meine Meublen in einige Zimmer stellen, um daß wenn ich je wieder sollte nach Europa kommen, woran ich zweifle, sie wieder finden werden, um nicht neue zu kaufen ... Glaube mir, daß es wirklich einen großen Entschluß ist nach Amerika zu gehen und mich von meiner lieben Familie zu trennen, aber es muß sein ...«

Auch Richard Wagner zog in schwerer Bedrängnis ein Auswandern nach Amerika in Erwägung. Jacques Offenbach, der Sohn eines unternehmerischen Vaters, entdeckte jedoch noch eine andere Möglichkeit. Er berichtete selbst:

»Ich blieb fünf Jahre am Théâtre-Français. Es war um diese Zeit, daß mir angesichts der dauernden Unmöglichkeit aufgeführt zu werden, der Gedanke kam, selber ein Musiktheater zu gründen. Ich sagte mir, daß die Opéra-comique nicht mehr in der Opéra Comique wäre, daß die wirklich buffonneske, heitere geistreiche Musik, kurz die Musik, die Leben in sich hat, nach und nach in Vergessenheit geriete.«

Jacques Offenbach suchte ein Theater. Irgendein Kundiger erwähnte in seiner Gegenwart, daß es an den Champs Elysées ein kleines Theaterchen gäbe, das die Stadt Paris nach der Revolution für einen Taschenspieler hatte errichten lassen. Die Weltausstellung 1855 stand bevor, und zwar im Industriepalast in der Nähe des kleinen Holzbaus, der zwischen zwei Bäumen versteckt lag. Er sollte im Zusammenhang mit der Ausstellung neu verpachtet werden. Offenbach ließ seine sämtlichen Beziehungen spielen und erreichte, daß er unter 20 Mitbewerbern den Zuschlag erhielt.

Die wirkungsvollste Hilfe kam von Henri de Villemessant, einem aufgeschlossenen und energiegeladenen Zeitungsinhaber, der soeben »Le Figaro« gegründet hatte. Er war ein passionierter Förderer phantasievoller Privatinitiativen und so etwas wie ein Hasardeur. Er stellte Jacques ein Startkapital von 20.000 Francs zur Verfügung. Am 4. Juni 1855 erhielt Offenbach eine Lizenz, die ihn ermächtigte, das Theater zu eröffnen und Darbietungen der folgenden Kategorien zu zeigen:

»1. Pantomimische Harlekinaden mit fünf Darstellern
2. Komödien mit Worten und Musik für zwei oder drei Darsteller
3. Zauberkunststücke, Jongleurakte, Phantasmagorien, Schattenspiele und Marionetten
4. Gymnastische und akrobatische Vorführungen
5. Zurschaustellung interessanter Objekte
6. Tanznummern für fünf oder mehr Mitwirkende
7. Chansonnettes für einen oder zwei Ausführende mit oder ohne Kostüm«

(Diese Einschränkung auf wenige Personen gab es seit Anfang des Jahrhunderts zum Schutze der großen Theater - für Offenbach und seine Texter wurde sie zur großen Anregung). Artikel 21 des fünfseitigen Dokuments lautete: »Dieses kleine Schauunternehmen wird die Bezeichnung führen: ›Les Bouffes-Parisiens‹.«

Nur drei Wochen trennten ihn von der Eröffnung der Weltausstellung, und er setzte alles daran, die damit verbundene Konjunktur voll auszunutzen. Es gelang ihm, binnen zwanzig Tagen ein Ensemble zusammenzustellen, Dekorationen anfertigen zu lassen, zu probieren - alles ohne Telefon - und zwischendurch zu komponieren. Und dann passierte es auch noch, daß ihn die Autoren für den Prolog sitzen ließen - da entschloß sich Offenbach, den jungen Ludovic Halévy zu engagieren. Tatsächlich gelang es, das Theaterchen mit den Namen »Les Bouffes-Parisiens« am 5. Juli 1855 zu eröffnen. Die Premiere wurde entgegen den Befürchtungen aller Beteiligter, jedoch im festen Vertrauen Offenbachs, ein sensationeller Erfolg.

Es gab »Les deux aveugles«, die Geschichte von dem dicken Posaunisten Patachon und dem mageren Gitarristen Giraffier. Sie simulieren Blindheit, um das Mitleid des Publikums zu erregen, schlagen sich um jeden Sou und sind nur ganz still, wenn die Schritte eines Passanten auf der Brücke erdröhnen und neue Beute winkt. Das Premierenpublikum lachte, klatschte, raste. Die beiden Spießgesellen wurden mit einem Schlag populär und das kleine Theater mit ihnen. Abend für Abend prangte an der Kasse das Schild »Ausverkauft!« Und wenn Frau Offenbach eine Vorstellung sehen wollte, mußte sie auf einer Treppenstufe Platz nehmen.

Das Theater war so klein, daß man es mit einer Pralinenschachtel verglich. Die Sitzreihen stiegen sehr steil an, deshalb stellte ein Witzblatt den Zuschauerraum als eine Leiter dar, auf deren Sprossen die Menschen kleben. Oben lief eine Reihe von Logen um, in die der Besucher seinen Mantel nur dann mit hineinzwängen konnte, wenn er außer der Logentür auch noch das gegenüberliegende Korridorfenster öffnete. – Nach zwei Monaten waren die »Bouffes-Parisiens« mit ihren spritzigen Programmen nicht mehr aus dem Pariser Theaterleben fortzudenken. Mitte November schloß die Weltausstellung und zum Überwintern war das kleine Holztheater zu kalt und über aufgeweichte Wege nur zu schlecht zu erreichen. Offenbach fand im Herzen der Stadt nahe beim Théâtre Italien eine Spielstätte, wo gehobene Jahrmarktskünste gezeigt worden waren. Das Theaterchen war kaum größer als die bisherige Residenz der Bouffes und sehr verwahrlost, Grund genug für Offenbach, es renovieren zu lassen, wobei er keinen Aufwand scheute, und regelrecht Verschwendung trieb.

Zu Silvester 1855 eröffneten sie das Theater mit einem neuen Stück von Offenbach und Halévy: »Bataclan«.

Der Chefkritiker des Journal des Debats schrieb:

»Vernehmen Sie in diesem außerordentlichen Saale in Gold, in Samt, in Malereien, in Gambaden, in Harlekinaden, in Poesie, in Musik, in Chansons, vernehmen Sie diesen Jubel und diese Freude? Es gibt keinen Mann und keine Frau, die nicht bei dieser tollen Ausgelassenheit von Bataclan zu tanzen beginnt. Bataclan! die Marseillaise des alten und nun verjüngten, in neuem Schmucke erstrahlenden Theaters Comte! Bataclan, die Marseillaise und das Auftrittslied des Meisters Jacques Offenbach.«

Dieser chinesisch getönte hinreißende Blödsinn zog die Leute an. Wie man zur Weltausstellung gereist war, so kam ein internationales Publikum auch eigens für das Theater Offenbachs nach Paris. Aber man will es kaum glauben, auch mit der Chinoiserie Bataclan griff Jacques Offenbach, dat »Köbesje«, auf eine Kölsche Quelle zurück.

Es dauerte nur wenige Monate nach der Eröffnung, daß die Bouffes-Parisiens zum Publikumsmagneten wurden. Aus ganz Europa strömten die Menschen wegen der Stücke des Offenbach-Teams nach Paris. Es gab Rekorderfolge: 150 mal »Barbe Bleue«, 200 mal »Pariser Leben«, 300 mal »La belle Hélène«, 400 mal »Die beiden Blinden« (Les deux aveugles), 1000 mal »Orphée aux Enfers«.

Das ließ sich mit den Erfolgen bei der Opéra de Paris vergleichen, wo Meyerbeers »Hugenotten« ebenfalls die Traumzahl 1000 erreichten, allerdings im Lauf von 64 Jahren, von ihrer Uraufführung 1836 bis zum Jahr 1900.

BATACLAN

Operette, die die nähere Bezeichnung »Chinoiserie musicale« trägt, mit Musik von Offenbach auf einem Text von Ludovic Halévy. Die Hauptpersonen des Stückes, - wegen der Auflagen durch den Minister nur vier an der Zahl - sind alle gute Pariser, die durch Schiffbruch oder andere Zufälle nach China verschlagen worden sind. Um sie gruppiert sich ein Chinesenchor, der wegen der gleichen Vorschrift des Ministers stumm bleiben muß, also nicht singen, sondern nur pantomimisch agieren darf. Der Staat heißt Ché-i-no-or, der Herrscher (der gestrandete Franzose) hat den Namen Fénihan, in seinem Gefolge befindet sich eine abgetakelte Chansonsängerin mit ihrem chinesischen Pseudonym Féannichton, sowie ein verkrachter Vicomte, der als Chinese den Namen Kékikako trägt. Ihnen allen steht der Führer des stummen Chores gegenüber, ein Verschwörer, der die Regierung stürzen will. Er führt den beziehungsreichen Namen Kokoriko. Sie vereinigen sich zu einem Quartett, in dem die Chansonette Koloraturen abstrusester Art auf die Silben »maxallachaplaxa« singt, während der ehemalige Vicomte nur das i zu kennen scheint: »ri bi xi mi dissississi«; der Herrscher gibt seiner Heiterkeit auf u Ausdruck: »Turnus sus su punugussu mur lutus su«, schließlich der düstere Verschwörer, der das o für passend hält: molo toto dodo do dono dono loxo cobolo. Das alles ist von den Verfassern als Parodie auf die italienische Oper gemeint, in der das Publikum gewöhnlich auch nicht mehr versteht als Silben oder nur Vokale.

Natürlich erkennen sich die drei Franzosen im Lauf des Stückes als Landsleute. »Je suis Français. Tu es Français, il est Français.« Selbst der Verschwörer gibt sich als Franzose niederer Herkunft zu erkennen. Er möchte in China bleiben und auf dem Thron Fénihans faulenzen, während die drei anderen zur Heimreise rüsten und bei übermütigster Laune zu den Klängen der Nationalhymne, die den Namen »Bataclan« trägt und eine Parodie auf die Marseillaise ist, in ihren Omnibus steigen. In diesem grandiosen, zu Unrecht wenig bekannten Werk bringt Offenbach auch parodistische Zitate aus großen Opern anderer Komponisten wie aus Bellinis »Puritani« und Meyerbeers »Hugenotten«, dazu jüdische Elemente, wie das Nachahmen von Instrumenten mit der Stimme. Die Cancanmelodie der »Ronde de Florette« ist dem Schlußkaddisch des Großen Versöhnungstages nicht unähnlich.

»Bataclan« ist gerade in Frankreich nicht die erste Oper, die mit China liebäugelt; es gibt Vorläufer bei Auber, bei Anseaume, Grétry, Gluck, Goldoni und anderen. Besonders witzig und aufschlußreich ist die Beziehung von »Bataclan« zu einem Kölschen Vorbild: im Jahr 1841 hatte es das Kölner Karnevalsstück »Za Ze Zi Zo Zu oder die beflügelte Nase, eine chinesische Dummheit« gegeben. Die Personen sind ähnlich benannt wie bei Offenbach: Za Ze Zi Zo Zu ist der 162. Beherrscher von China, Fu a Fu ist ein Tausendkünstler, Puff a Puff der Mandarin der Finanzen (dick), Zwirn am Zwirn der Mandarin des Gemeinwesens (dünn), Ka-utschuck der Mandarin des Inneren, Gululi seine Tochter, Tschingderatata ein Ausrufer und Fidibumbum ein Scholare.

In »Bataclan« war alles Parodie. Wagner schrieb nur einmal eine Parodie, im »Preislied« des Beckmesser; die ging zu Lasten des Verlierers, während Wagner selber ohne Frage auf der Seite und in den Reihen der Gewinner, der Meistersinger stand. Siegfried Kracauer gibt als Interpretation der Komik von »Bataclan«: » ... hier wurde die Macht zum Kindergespött und das Hofleben zur Harlekinade. Was steckt hinter so vielen angebeteten Gewalthabern? Oft nur ein Fénihan oder ein Kokoriko. Wer wollte, konnte in ›Bataclan‹ aktuelle Anspielungen wittern.«

Das Stück hatte einen ungeheuren Erfolg. Überall wurden die Melodien gesungen.

Texte, Librettisten

Richard Wagner war stolz darauf, daß er die Texte zu seinen Bühnenwerken selbst verfaßte. Er verteidigte das im Gespräch mit Rossini in Paris. Dieser war aufrichtig überrascht von der Vorstellung, daß ein Komponist selbst seine Texte schreiben sollte. Wagners Antwort: »Warum sollte ein Komponist, wenn er schon Kontrapunkt studiert, nicht auch Literatur und Geschichte studieren und Mythologie lesen?« Wagner blieb dabei zu behaupten, daß Komponisten sich an den Knotenpunkten des Dramas notwendigerweise einmischen und den Text mitgestalten müßten, er zitierte dann die Schwurszene aus Rossinis »Wilhelm Tell«, die der Komponist ohne Zweifel mitgeformt habe.

Wagner nahm seine Dichterrolle so wichtig, daß er immer wieder einen Text, so bald er fertig war, einem geladenen Publikum vorlas, ohne Musik, denn die gab es dann noch nicht. Er nannte diese Libretti »Dichtungen«. Die Opernbesucher wissen von den Wagnerschen Texten wenig, weil sich soviel Musik darüber ergießt, daß die Worte als einzelne nur schwer zu verstehen sind und der inhaltliche Zusammenhang wegen der Ausgedehntheit der Phrasen kaum wahrgenommen werden kann. Darauf gibt es unterschiedliche Reaktionen der Zuhörer; die einen halten die Musik bei Wagner ohnehin für das Allerwichtigste und wollen kaum wissen, was gesungen wird. Andere lesen die Texte nach, sprechen von Schundliteratur und machen sich lustig über die pseudo-mittelhochdeutschen Formulierungen, zum Beispiel die Stabreime. Anläßlich der ersten Bayreuther Festspiele 1876 fragte Ludwig Speidel im Wiener »Fremdenblatt«, was an Wagners Textbuch »Der Ring des Nibelungen« national sei. »Das deutsche Volk hat mit dieser Affenschande nichts gemein, und sollte es an dem falschen Golde des ›Nibelungen-Ringes‹ einmal wahrhaftes Wohlgefallen finden, so wäre es durch diese bloße Tatsache ausgestrichen aus der Reihe der Kulturvölker des Abendlandes.« In anderen Besprechungen der Zeit wird von »Machwerk« oder »Tollheit« gesprochen. Auch die Wagner-Gegner sind meistens bereit, gegenüber seinen »Dichtungen« ein Auge zuzudrücken und in der Musik zu versinken. Eine völlig andere Beurteilung ist von Schopenhauer überliefert. Nach Cosimas Tagebuch vom 16.1.1869 soll Schopenhauer gesagt haben: »Ich admiriere, wie Wagner in seinen Nibelungen die dunklen sagenhaften Gestalten uns menschlich nahegebracht hat ... Er ist ein Dichter, aber kein Musiker.« Wagner meinte dazu, das sei jedenfalls besser, als wenn er ihn als Musiker und nicht als Dichter hätte gelten lassen.[37]

Jacques Offenbach schrieb seine Libretti nicht selber, aber er griff energisch ein. Gleich beim Eröffnungsabend für die Bouffes wurde das für ihn zum Problem. Er wünschte sich einen Prolog und hatte mit der Abfassung einige Autoren beauftragt, die aber versagten. Die Not zwang ihn, sich an einen jungen Unbekannten zu wenden. Er hieß Ludovic Halévy, war im Staatsministerium beschäftigt, strebte jedoch nicht die Beamtenkarriere an, sondern sehnte sich danach, fürs Theater zu schreiben. Offenbach fuhr ins Staatsministerium und trug dem jungen Mann, dem Neffen seines Kompositionslehrers Fromental Halévy, sein Anliegen vor. Ludovic sagte auf der Stelle seine Mitarbeit zu. Dann mußte der Komponist dem frisch gebackenen Autor die besonderen Probleme dieses Prologs erläutern:

> »›Recht so!‹ fing Offenbach an. ›Machen Sie sich sofort an die Arbeit! Ein kleiner Einakter mit Couplets - alles, wonach Ihnen das Herz steht ... Das heißt ... Nun ja, Sie müssen hundert Verse einschalten, die ich hier habe. In der Mitte des Akts; an den Ehrenplatz.‹ Offenbach drückt Halévy ein Blatt in die Hand und bringt ihm bei, daß die Verse von seinem Freund Méry stammten und der Figur der Phantasie in den Mund gelegt werden sollen.

›Eine Ihrer Personen wird sich die Phantasie nennen müssen. Das ist Ihnen doch gleichgültig?‹
›Vollkommen gleichgültig.‹
›Als Méry beim Prosateil anlangte‹, fährt Offenbach fort, ›wurde er mutlos. Aus diesem Grund verpflichtete ich Lambert Thiboust, der mich aber auch im Stich gelassen hat ... Sie werden jetzt Thiboust ersetzen.‹
›Sehr gern.‹
›Das heißt ...‹ - Offenbach leitet mit seinem neuen ›Das heißt‹ eine Erklärung des Inhalts ein, daß Thiboust immerhin ein Rondo gedichtet habe, das von ihm, Offenbach, schon komponiert worden sei. Halévy wird etwas unruhig.
›Das Rondo‹, ergänzt Offenbach, ›ist dem Typ des Bilboquet auf den Leib geschrieben. Sie haben daher die Aufgabe, diesen Bilboquet zur zweiten Figur Ihres Prologs zu machen.‹
›Gut. Bilboquet gefällt mir nicht schlecht.‹
›Was die dritte Figur betrifft - Ach richtig, ich vergaß Ihnen zu sagen, daß ich nur Stücke mit höchstens drei Personen aufführen darf ...‹
›Dann hätte ich noch eine Figur zu finden‹, meint Halévy leicht hoffnungsvoll.
Offenbach lächelt.
›Zu finden? Das heißt ... Mein Gott, ich werde Ihnen erklären ... Die Phantasie wird von Fräulein Macé dargestellt, und die Rolle des Bilboquet spielt ein ausgezeichneter Provinzschauspieler namens Pradeau, den ich jetzt engagiert habe ... Ja, und die dritte Figur - als dritte Figur müssen Sie Derudder verwenden, der auch meinem Ensemble angehört. Der berühmte Pantomimenspieler Derudder! Natürlich kommt nur eine stumme Rolle für ihn in Betracht ... Nebenbei bemerkt, ist Derudder der beste Polichinell, den man sich denken kann. Es macht Ihnen doch nichts aus, ihn als Polichinell auftreten zu lassen!‹

> Halévy ist völlig verzweifelt. Eine Person bleibt ihm nur übrig und die ist noch dazu stumm. Dennoch entledigt er sich, gepreßten Herzens, des Auftrags.«[38]

Damit begann eine Zusammenarbeit und eine Freundschaft, der die »Offenbachiade« entwuchs. Halévy traf zwei Jahre nach Beginn seiner Beschäftigung bei den Bouffes seinen ehemaligen Schulkameraden Henri Meilhac und konnte auch ihn zur Mitarbeit begeistern. Offenbach nannte die beiden zärtlich »Hal« und »Meil«, manchmal »cheri«, manchmal »animal«. Zu Halévy hatte er den unkomplizierteren Kontakt, während er Meilhac manchmal als etwas schläfrig empfand. Immerhin verstanden die drei sich so ausgezeichnet, daß im Lauf der Jahre mit wechselnder Beteiligung die Werke entstanden, die damals ein Anziehungspunkt für ganz Europa wurden und die Offenbachs Ruhm bis heute erhalten haben: »Bataclan«, »Orphée aux Enfers«, »La belle Hélène«, »Barbe - Bleue«, »La vie Parisienne«, »La Grande-Duchesse de Gerolstein«, »La Péricole«, »Les Brigands«, »La vie Parisienne«, »Madame l'Archiduc«.

Bei vielen seiner einhundert Bühnenwerke arbeitete Offenbach auch mit anderen Librettisten zusammen: Hector Crémieux, dem Duo Nuitter und Tréfeu, Albert Millaud, Albert von Wolzogen. Offenbachs Ansicht über die Zusammenarbeit von Komponist und Textdichter: »Dichter und Komponist müssen in geistiger Ehe miteinander leben. Solange ich an einer neuen Oper arbeite, bin ich mit dem Dichter verheiratet. Ich bin unglücklich, wenn er einen Tag ausbleibt; hat er mir auch nichts Neues zu bringen, so muß ich ihn doch täglich sehen und sprechen.« Seine Librettisten waren der übereinstimmenden Meinung, daß die Gespräche mit dem Musiker Offenbach oft zu ganz neuen, glücklichen Ideen führten, die jeder für sich an seinem Schreibtisch allein nicht ausgeheckt hätte.

LUDOVIC HALÉVY

Der markanteste und von Offenbach am höchsten geschätzte seiner Librettisten. (1834-1908) Sein Großvater war aus der Frankfurter Gegend nach Paris gekommen und wurde Vorsänger an der Synagoge in der Rue de la Victoire in Paris. Dessen Sohn, der Vater von Ludovic und der Bruder von Fromental Halévy, Offenbachs Kompositionslehrer, hatte es bereits zum angesehenen, von der Académie mehrfach preisgekrönten Schriftsteller gebracht. Er schrieb Romane, Gedichte, Dramen und vor allem Nachdichtungen antiker Tragödien, eine Sammlung mit dem Titel »La Grèce tragique« (1848-1861), der sein Sohn Ludovic wenige Jahre später mit der »Belle Hélène« und dem »Orphée aux enfers« eine »Grèce comique« gegenüberstellte. Ludovic Halévy, der große Verspotter aller Autoritäten, hatte zunächst die Beamtenlaufbahn eingeschlagen, trat in das Sekretariat des Staatsministeriums ein und wurde 1858, im Jahr der Uraufführung des »Orphée«, Bureauchef des Ministeriums für Algerien. Er war erst 21 Jahre alt, als Jacques Offenbach ihn 1855 überredete, einen Eröffnungsprolog für die Bouffes-Parisiens zu verfassen. Später arbeitete er an den Texten von 22 Werken Offenbachs mit, darunter den allerberühmtesten. Gemeinsam mit dem Komponisten hat Halévy den größten Anteil an der Erschaffung des Genres »Offenbachiade«.

Das freundschaftliche Verhältnis der beiden erfuhr in Offenbachs letzten Lebensjahren eine merkliche Trübung, als Halévy begann, mit dem damals erfolgreicheren Konkurrenten Charles Lecocq zusammenzuarbeiteten, den Offenbach und Halévy 1856 gemeinsam zum Preisträger des von ihnen ausgeschriebenen Wettbewerbs für eine Oper in einem Akt ernannt hatten.

Ludovic Halévy distanzierte sich nun von Offenbach und ihrem gemeinsamen Genre, weil er sich »ernsthafteren« Arbeiten zuwenden wollte. Er schrieb mit Meilhac zusammen das Schauspiel »Froufrou« und lehnte es ab, weiter für Offenbach zu arbeiten. Um die Zeit von Offenbachs Tod brach Ludovic Halévy seine Theaterproduktion ab, stellte von 1892 an seine literarische Tätigkeit völlig ein. Er beschränkte sich dann darauf, sich nur noch seiner Familie zu widmen und der Académie, wo er die glücklichen Jahre seiner Jugend verbracht hatte. Mitunter begab er sich in die Variétés, wohnte einer Probe bei, beriet die Statistinnen, die dem alten Herrn mit dem schönen grauen Bart vertrauensvoll ihre großen Sorgen erzählten. Dann flog sein Name, als der des Autors der »Schönen Helena«, ehrfürchtig von Mund zu Mund.

OPERETTE

Jacques Offenbach benutzte etwa zehn unterschiedliche Gattungsbezeichnungen für seine Produktionen: opéra-bouffe, bouffonnerie, opéra bouffe-féerie, opéra-comique, opéra-fantastique, opéra-féerie, opérette, opérette-bouffe, opéra seria, opéra semi-seria. Dabei gelang es ihm jedoch, als Hausherr seines eigenen Theaters, einen eigenen Stil zu schaffen, der sich besonders eng an die Opéra-comique anlehnte. Er beschwor das nicht nur in seinen eigenen Schöpfungen, sondern er versuchte auch, die Tradition der Opéra-comique wiederzubeleben. Im Juli 1856 kündigte er einen »Wettbewerb für eine Oper in einem Akt« an. Das preisgekrönte Werk sollte im folgenden Frühjahr in den Bouffes aufgeführt werden. Er verschickte als Richtschnur für die Kandidaten einen Artikel von 3000 Worten über die Opéra-comique, der in zwei großen Pariser Zeitungen ungekürzt abgedruckt wurde. Im Grunde genommen war es ein Essay, der die künstlerischen Ziele der Bouffes umriß. Offenbach begann historisch:

> »Die Opéra-comique ist eine eminent französische Kreation. Obgleich sie als Imitation der italienischen Opéra buffa, eines um die Mitte des vergangenen Jahrhunderts verkörperten Genres, entstand, ist sie aufgrund des nationalen Temperaments etwas ganz anderes; als die Franzosen die Form übernahmen, machten sie sie zu ihrer eigenen. Wo ein Italiener seiner Verve und Phantasie die Zügel schießen lassen würde, legt der Franzose Wert auf Witz, gesunden Menschenverstand und Geschmack. Während der Italiener alles für Heiterkeit darangäbe, ist für den Franzosen Esprit ausschlaggebend.

> Ist die Opéra-comique in Wirklichkeit etwas anderes als gesungenes Vaudeville? Schon die Bezeichnung deutet darauf hin: lustiges, unterhaltsames, amüsantes Material ... Die erste Opéra-comique, die diesen Namen wirklich verdient, war ›Blaise le savetier‹ von Philidor (1759) ...«

Offenbach beschrieb dann poetisch die Geschichte der Opéra-comique:

> » ... die Opéra-comique begann als klares Bächlein, das durch grüne Wiesen floß. Es schwoll zu einem großen Fluß mit eindrucksvollen Wellen an. Obgleich das Bächlein Bestandteil des Flusses war, wurde sein Charakter als Bächlein zerstört.«[47]

Das lichte und anmutige Genre verschwand fast ganz von der Bühne und wurde von großangelegten Werken, die man in Italien Opéra semi-seria nennt, verdrängt. Er nennt als Beispiele: Freischütz, Oberon, Euryanthe, Zauberflöte, Schweizerfamilie. Er fährt dann fort: »Die Bouffes-Parisiens wollen einen Versuch machen, das ursprüngliche und wahre Genre wiederzubeleben ... [39]

> Wir haben manchen Erfolg bei der Wiederbelebung des musikalischen Sketchs der alten Opéra-comique und jener Art von Farce, die das Theater Cimarosas und der frühen italienischen Meister ins Leben rief. Wir beabsichtigen, nicht nur das fortzusetzen, sondern auch der unerschöpflichen Ader des französischen Humors nachzuspüren. Unser Ehrgeiz ist es, ›kurz zu schreiben‹. In einer Oper, die kaum eine Dreiviertelstunde dauert, in der man nur vier Personen auf der Bühne und ein Orchester von höchstens dreißig Musikern haben darf, müssen Einfälle und Melodien klingende Münze sein. Bedenken Sie auch, daß es mit diesem kleinen Orchester - das immerhin Mozart und Cimarosa genügte - sehr schwer ist, Fehler und mangelnde Erfahrung zu kaschieren, die von einem Orchester von 80 Musikern zugedeckt würden.«

Dann forderte Offenbach zur Teilnahme am Wettbewerb auf:

> »Das Theater, das ich Ihren Arbeiten zur Verfügung stelle, verlangt drei Dinge: Können, Wissen, Originalität. Ist das zuviel verlangt? Mag sein, aber ich kann mir keine bessere Chance für einen aufstrebenden Musiker denken.«

Die beiden gleich bewerteten Sieger wurden Georges Bizet und Charles Lecocq, ihre Kompositionen des Librettos »Le Docteur Miracle« von Ludovic Halévy wurden dann abwechselnd gespielt.

Bei seinen eigenen Stücken benutzte Offenbach die Bezeichnung Opéra-comique vorwiegend in seinen ersten Jahren, er schrieb öfter Bouffonnerie oder Bouffonnerie musicale. Für ›La Rose de Saint-Flour‹ prägte er die Bezeichnung »Opérette« (1856), die er dann meistens verwendete, auch als Opérette-bouffe. Schließlich erscheint sehr häufig die Bezeichnung Opéra-bouffe, die sich auf die italienische Opera buffa bezieht: »Orphée«, »La belle Hélène«, »Barbe Bleue«, »La Grande-Duchesse de Gerolstein«, »La Périchole«, »Les Brigands«, »Madame l'Archiduc« und viele andere mehr. Sein letztes, nicht mehr vollendetes Werk, »Hoffmanns Erzählungen«, nannte er »Opéra fantastique«.

Offenbachs Bezeichnung »Operette« hat sich als Gattungsname durchgesetzt, er wird auch für die nach Offenbach entstandene Wiener wie auch die Berliner Operette benutzt. Die Wiener Operette initiierte Offenbach selbst. Als er 1863 wieder einmal in der Donaumetropole weilte, wo er sehr gefeiert wurde, erbat der Wiener Journalistenverein von ihm einen Walzer für einen Faschingsball. Offenbach komponierte den Walzer und nannte ihn »Abendblätter«. Man hatte auch Johann Strauß (1825-1899), den Sohn, um einen Walzer gebeten, welcher dann »Morgenblätter« genannt wurde. Auf dem Ball gab es eine friedliche Konkurrenz. Als Offenbach und Strauß sich aber später einmal beim Essen trafen, tat der Gast aus Paris eine Äußerung, die folgenschwer wurde: »Sie sollten Operetten schreiben«, sagte er zu Strauß, »Sie haben das Zeug dazu«. Zwanzig Jahre später wurden die Wiener Operetten von Strauß mehr gespielt als die von Offenbach, auch in Paris. Besonders die an den Offenbachiaden geschulte »Fledermaus« wurde dort hoch gefeiert. - Später orientierte sich der Wiener Komponist Oscar Straus (1870-1950), wie er selber sagte, an Offenbach. Er tat auch das, was seine Mitarbeiter dem Schöpfer der »Schönen Helena« ausgeredet hatten: Oscar Straus verfaßte eine Wagner-Parodie mit dem Titel »Die lustigen Nibelungen«. Das empörte im Entstehungsjahr 1906 die Österreicher; in Graz demonstrierten Parteigänger des Großdeutschen Schulvereins gegen das Stück wegen »Verhöhnung des edlen Germanentums durch einen Saujuden.«

Auch Paul Lincke (1866 - 1946), der Begründer der Berliner Operette mit »Frau Luna« (1899) bezog sich voller Verehrung auf Jacques Offenbach.

Die Wiener Operette ging aus dem österreichischen Singspiel hervor, die Berliner ist eng mit dem Berliner Gassenhauer verbunden. Die Pariser Operetten aus dem Offenbach-Kreis waren etwas völlig anderes, da sie nicht typisch französisch-volkstümlich sind. Das gab es jedoch auch: die idyllischen Werke von Adolphe Adam (»Der Postillon von Lonjumeau«), Gaetano Donizetti (»Die Regimentstochter«), Daniel François Auber (»Die Stumme von Portici«) oder von Aimé Maillart (»Das Glöckchen des Eremiten«). Diese Stücke hießen noch nicht Operette, sondern Opéra-comique.

Siegfried Kracauer, der als Jude ab 1936 zwangsweise in Paris lebte und eins der hervorragendsten Bücher über Offenbach geschrieben hat, nannte die Offenbachiaden mit der Musik von Offenbach und den Texten (meistens von Ludovic Halévy) »Emigrantenprodukte«. Dank der Mischung von deutschen und jüdischen Elementen in französischer Umgebung und mit Liebe zu Frankreich gehören sie nicht nur zu einer Nation, sondern sie sind »westeuropäisch«. Ihr Kennzeichen ist die »Mischung«.

In heutigen Inszenierungen ist das nicht mehr - oder noch nicht wieder - zu erkennen. Meistens wird grober Klamauk auf die Bühne gestellt. Der verfehlt den Esprit der Musik, des Inhalts und der Handlungsführung. Ihren Charme und die beglückend befreiende Wirkung entwickeln diese Kostbarkeiten erst bei sehr behutsamer Behandlung - ähnlich wie die Werke Mozarts.

ROSSINI, GIOACHINO

Geboren 1792 in Pesaro, gestorben 1868 in Paris. Seine annähernd vierzig Opern sind glänzende Zeugnisse der Lachkultur in der Musik. Das brachte ihm im pessimistischen 19. Jahrhundert bei den »ernsten« Musikfreunden mehr Kritiker als Verehrer ein. Das gleiche traf auf den 27 Jahre jüngeren Jacques Offenbach zu. - Die Begeisterung für Rossini hatte in den 20er Jahren des 18. Jahrhunderts ihren Höhepunkt. Durch die Initiative des neapolitanischen Opernimpresarios Domenico Barbaja wurden 1822 in Wien vier Opern von Rossini gespielt, die alle ihre Uraufführungen in Italien erfahren hatten: »La Donna del Lago«, »La Cenerentola«, »Zelmira« und »Mathilde di Shabran«. Die beiden Opern »Tancredi« (1812) und »Der Barbier von Sevilla« (1816) hatten in Europa bereits ein Rossini-Fieber ausgelöst. Über die Wiener Aufführungen schrieb der damalige Starkritiker Eduard Hanslick: »Rossinis Musik versetzte die Wiener in einen Rausch des Entzückens. Sogar der Philosoph Hegel, sonst nichts weniger als ein Musik-Enthusiast, zog mit an dem Siegeswagen des jungen Maestro und schrieb seiner Frau nach Berlin: ›Solange ich Geld für die italienische Oper habe, gehe ich von Wien nicht fort.‹«

In Deutschland begeisterte man sich bei weitem nicht so für Rossini wie in Wien oder in Frankreich. Eduard Hanslick, der Gegner von Richard Wagner und lebende Anreger für die Figur des Beckmesser, gleichzeitig aber glühender Verehrer von Rossini und Offenbach, kommentierte das so: »Die deutsche Kritik glaubte sich verpflichtet, achselzuckend und naserümpfend auf das ›seichte und ungeschulte Talent‹ Rossini herabsehen zu müssen ... Die deutschen Journale, zumal die Musikzeitungen der zwanziger Jahre bieten eine traurige Musterkarte von dünkelhaft absprechenden Urtheilen über die Unwissenheit Rossinis ...«

Hanslick entpuppt sich dann als Verfechter der Lachkultur in der Musik: »Mit aufrichtigem Neide lesen wir heutzutage die Berichte über die ersten Vorstellungen der ›Italiana‹ in Venedig wie das Publikum sich fortwährend die hellen Thränen von den Backen wischte und froh war, wenn einmal eine sentimentale Nummer den Spaß unterbrach, dessen zwerchfellerschütternder Wirkung man sonst hätte unterliegen müssen. Wir sind seit jener Zeit um 50 Jahre älter geworden und in Deutschland um 100 Jahre ernster.« [40]

Mit zunehmender Ernsthaftigkeit auch in der Musikauffassung während des Jahrhunderts hat man es den Wienern immer übel genommen, daß sie Rossini höher schätzten als Beethoven. Während seines Aufenthalts in Wien 1822 besuchte Rossini auch Beethoven, der ihn höflich empfangen und zum Ende eines mehr mühsamen (Beethoven war taub!) als amüsanten Gesprächs zu Rossini gesagt haben soll: »Vor allem, machen Sie noch viele Barbiere.« (Beethoven hatte die Partitur gelesen.) Es könnte sein, daß auch Beethoven mehr für die Lachkultur übrig hatte, als man ihm in den nachfolgenden Jahrzehnten zutraute.

Rossini wuchs in Pesaro mitten in der Gebrauchsmusik-Szene auf: sein Vater war ein frei umherziehender Trompeter und Hornist, ähnlich wie Offenbachs Vater Isaac Eberst. Es gelang ihm, die Stelle des Stadttrompeters von Pesaro zu bekommen. Mehrfach in seinem Leben wurde er wegen Auflehnung gegen die Staatsgewalt eingesperrt. Er war der erste Lehrer seines auffallend begabten Sohnes und blieb ihm zeitlebens eng verbunden. - Anna Rossini, Gioachinos Mutter, war eine talentierte aber unausgebildete Sopranistin, die während ihrer kurzen Opernlaufbahn ihren kleinen Sohn zu den Aufführungen mitnahm und ihm damit schon in zartem Alter Erfahrungen vom Opernleben aus erster Hand vermittelte. Er liebte seine Mutter zärtlich.

Als der 62jährige hochberühmte Rossini sich 1855 in Paris niederließ, fiel das fast auf den Tag zusammen mit der Eröffnung der Bouffes-Parisiens von Jacques Offenbach.

Es gibt genügend Beweise dafür, daß Rossini wachen Sinnes die Aktivitäten des deutschen Kollegen verfolgte - bis hin zu den Karikaturen die dazu erschienen. Es gab eine Zeichnung mit dem Titel »Il Jettatore«. Rossini komponierte auch ein Klavierstück, das sich auf Offenbach bezog mit dem Titel »Petite caprice (Style Offenbach)«, mit folgender Genesis: ein Italiener äußerte einmal bei Rossini, Offenbach habe den bösen Blick und man müsse vor ihm das Jettatorezeichen machen - das Ausstrecken von Zeige- und kleinem Finger. Konsequent meinte darauf Rossini, also müsse man Stücke über Offenbach entsprechend spielen und improvisierte am Klavier eine Kleinigkeit, deren Melodie er mit gabelförmig ausgestreckten Fingern der rechten Hand ausführte.[41]

Jacques Offenbach waren die Person und die Musik Rossinis anscheinend von Jugend an vertraut. Ab 1820 gab es in Köln ein stehendes Theater, dessen Opernsparte besonderes Ansehen genoß. Auf dem Spielplan gab es deutsche Opern der Zeit, das Übergewicht hatten aber ausländische, allen voran Werke von Auber und Rossini. Man weiß nicht, was Jacques davon kennengelernt hat. Später komponierte Offenbach eine »Hommage á Rossini« für Cello über Opernmelodien des verehrten großen Kollegen; es kamen Themen aus »Wilhelm Tell« und aus »Moses« vor. Er spielte diese Phantasie 1843 in Köln bei einem Gastkonzert und erwarb sich warme Anerkennung der Kritiker. Bis in die Zeit der Bouffes hielt Offenbach diese »Hommage á Rossini« auf seinem Konzertprogramm. Kurz nach der Eröffnung der Bouffes machte er bei Rossini eine Anleihe, die ihm auch gewährt wurde. Er führte an seinem Theater Rossinis »Il Signor Bruschino« auf, das 1813 in Italien nicht viel Erfolg hatte. Die gegenseitigen Scherzereien gingen noch weiter. Offenbach verulkte im 3. Akt der »Schönen Helena« eine Melodie aus »Wilhelm Tell«; er koppelt das »Trio patriotique« mit seinem »Galop Infernal«, gewissermaßen als Symbol für den sittlichen Zerfall Griechenlands. Rossini nahm ihm das aber nicht übel, wie auch Meyerbeer es nicht tat, wenn es ihn betraf. Möglicherweise übte Rossini eine freundliche Rache mit dem Klavierstück »Petite Caprice (Style Offenbach)«.

Allerdings bekannte Offenbach in den siebziger Jahren, daß er einige Meisterwerke wohl hundertmal gehört habe, darunter auch Rossinis »Italienerin in Algier«.

Rossini muß Offenbach wohl sehr geschätzt haben, verglich er ihn doch mit Mozart. Sie trafen sich auch in ihrer Verehrung für Carl Maria von Weber und seinen »Freischütz«. Weber jedoch lehnte Rossini rigoros ab. In Wirklichkeit war der Komponist des »Freischütz« aber alles andere als unempfänglich für Rossinis Musik. Wie sein Sohn Max berichtet, verließ er einmal nach einer Aufführung von »La Cenerentola« fluchtartig das Theater und murmelte dabei vor sich hin: »Ich gehe besser, ich fange an, das Zeug gern zu haben.«

In Frankreich muß es leichter gewesen sein, so etwas wie eine Enclave der musikalischen Lachkultur zu begründen als im ernst und pessimistisch gestimmten Deutschland. Es gab mehr Komponisten, die sich dazu bekannten, zum Beispiel Erik Satie (1866 - 1925), der sich in seinen Klavierstücken einer ähnlichen Technik mit hinzugefügten Texten bediente, gespickt mit witzigen Pointen, wie Rossini in seinen »Péchés de vieillesse«, ohne daß ein Einfluß festzustellen wäre. Das scheint Pariser Stil gewesen zu sein. Auf den Spuren der Offenbachschen Parodie bewegte sich Emmanuel Chabrier (1841 - 1894), als er nach einer Deutschlandreise eine vierhändige Tristan-Paraphrase schrieb.

Rossini übte jedoch auch Anziehungskraft auf die Gegenseite aus: im Jahr 1860 besuchte ihn der damals 47-jährige Wagner in Paris, schrieb sogar später einige Seiten darüber in ›Erinnerung an Rossini‹. Die Unterhaltung scheint schwierig gewesen zu sein. Es gibt Berichte von mehreren Autoren, die von der Wagnerschen Darstellung etwas abweichen. Der Rossini-Biograph Rognoni zitiert eine Aufzeichnung von Edmond Michotte, dem zeitweiligen Verwaltungspräsidenten des belgischen Conservatoire de Musique, wonach Rossini und Wagner sich kontrovers über das Prinzip der Oper, die Wichtigkeit der Melodie und die Bedeutung des Librettos unterhielten. Nach Michotte gipfelte das Gespräch darin, daß Wagner an Rossini den Tiefgang, Rossini aber an Wagner die Sonne vermißte.[42]

Viele Musiker besuchten Rossini in Paris, nicht zuletzt wegen seiner umfassenden Weltoffenheit. Es entbehrt nicht der Ironie, daß sehr kurz nach Wagner dessen bester Hasser Eduard Hanslick bei Rossini eintraf. Er war ein großer Verehrer von ihm wie auch von Offenbach.

Stendhal nannte Rossini »den größten Künstler unserer Zeit«. Richard Osborne, der Verfasser einer ausführlichen Rossini-Biographie, beginnt sein Buch: »Trotz der enormen Popularität einer Handvoll seiner Werke kann Rossini für sich in Anspruch nehmen, der am meisten vernachlässigte und von Grund auf mißverstandene der großen Komponisten des 19. Jahrhunderts zu sein.«[43]

Seit etwa 1970 hat die Fondazione Rossini eine Gesamtausgabe angefangen, wodurch bereits eine Menge unbekanntes Material ans Licht gekommen ist. Es gibt in Rossinis Geburtsstadt Pesaro außerdem alljährlich Rossini-Festspiele, die auch mit den Wiederentdeckungen bekannt machen. Raritäten wie »Le comte Ory« und »Ie turco in Italia« sind wieder ins Bewußtsein der musikinteressierten Welt gehoben worden. Man kann mittlerweile von einer Rossini-Renaissance sprechen.

Die Neubewertung Offenbachs geht nur sehr zaghaft voran. Zu seinem 100. Todestag 1980 hieß es, daß die Diskussion um ihn erstarrt sei. Dazu kommt, daß er keinen festen Anhänger- oder Forscher-Kreis hat. Das Schwerwiegendste ist aber, daß Offenbach außer »Hoffmanns Erzählungen« »nur« Operetten geschrieben hat, während Rossinis Werke »Opern« heißen. Die Unterschätzung Offenbachs wie auch Rossinis dürfte sich erst ändern, wenn sich das philosophische und ästhetische Denken vom immer noch hochgeschätzten Pessimismus abwendet, wenn in der Musik Qualität nicht mehr mit Ernst und Tiefsinn gleichgesetzt wird. Dann erst haben Rossini und Offenbach die Chance, ins Pantheon der »Ewigen« einziehen zu dürfen.

Wagner-Chronik

(Auszug aus »Wagner-Chronik«; Daten zu Leben und Werk zusammengestellt von Martin Gregor-Dellin)

1813:

22. Mai, Wilhelm Richard Wagner in Leipzig »auf dem Brühl im rot und weißen Löwen, zwei Treppen hoch, geboren«. Mutter: Johanna Rosane, geboren 19.9.1774, Tochter des Bäckermeisters Pätz aus Weißenfels, Mariengartengasse; genealogisch verunsichert durch die Legende »vornehmer Geburt«, da ein hoher Gönner, vermutlich Prinz Konstantin von Sachsen-Weimar, das schauspielerisch begabte Mädchen in einem Leipziger Institut erziehen ließ. Vater: Friedrich Wagner, geboren 18.6.1770, Jurist und Polizeiaktuar, Laienschauspieler, ein nach E. T. A. Hoffmann, der ihn im Juni 1813 in Leipzig kennenlernt, »exotischer Mensch«. Wagners Geschwister: Albert (geb. 1799, Sänger und Regisseur), Rosalie (geb. 1803, Schauspielerin, erstes Leipziger »Gretchen« in Goethes Faust), Julius (geb. 1804, Goldschmied), Luise (geb. 1805, Schauspielerin), Klara (geb. 1807) und Ottilie (geb. 1811)

4. Juni: In den Kriegswirren verläßt die Familie die Stadt.

zwischen 21. Juli und 10. August: Johanna Wagner begibt sich, vermutlich mit Richard, nach Teplitz zur Kur. Ludwig Geyer, ein langjähriger Freund der Familie, tritt am Teplitzer Theater auf. Goethe in Teplitz.

16. August: Richard wird in der Leipziger Thomaskirche getauft.

16.-19. Oktober: Napoleons Niederlage gegen die Verbündeten in der »Völkerschlacht« bei Leipzig.

23. November: Wagners Vater stirbt an dem epidemisch gewordenen Typhus. Ludwig Geyer, geboren 21.1.1778, Schauspieler,

Porträtmaler und Dichter, mit dem Lustspiel »Der Bethlehemitische Kindermord« erfolgreich und auch von Goethe anerkannt, nimmt sich der Familie an. Die Behauptung, Ludwig Geyer sei Richard Wagners leiblicher Vater, ist durch nichts zu belegen. Von Cosima befragt, antwortet Richard Wagner 1878: »Das glaube ich nicht - meine Mutter hat ihn geliebt - Wahlverwandtschaften.« Dennoch lebenslange Vater-Irritation, die sich mit Siegfrieds Frage: »Wie sah mein Vater wohl aus?« und dem Rätseln, »wer und woher« jemand sei, durch das gesamte, an Waisen, Halbwaisen und unterschobenen Kindern reiche musikdramatische OEuvre Wagners zieht.

1814:

Ludwig Geyer heiratet Wagners Mutter.

1821:

Ludwig Geyer stirbt am 30. September: Mitte Oktober: Geyers jüngerer Bruder, Goldschmied in Eisleben, nimmt Richard zu sich, er besucht eine Privatschule.

1822:

Sommer: Richard verbringt einige Tage bei dem Onkel Adolf Wagner in Leipzig. Der Theologe, Übersetzer und Privatgelehrte übt auf den Knaben einen großen Einfluß aus. Richard kehrt nach Dresden zurück.

2. Dezember: Unter dem Namen »Geyer« wird Richard in die Matrikel der Dresdner Kreuzschule eingetragen.

1826:

Richard fühlt sich zum Dichter berufen, verfaßt eine Rittertragödie.

1827:

8. April: Konfirmation Richards in der Dresdner Kreuzkirche.

Weihnachten: Richard siedelt zu der Familie nach Leipzig über und heißt nun wieder »Wagner«.

1829:

Sommer: »Lasse Alles liegen, treibe nur Musik ohne Unterricht.«

1830:

Juli: Revolution in Frankreich. » ... natürlich nahm ich volle Partei für die Revolution.«

1831:

23. Februar: Obwohl ohne Schulabschluß, läßt sich Wagner als Student der Musik immatrikulieren.

Sommer: Wagner verlottert in studentischen Sitten, kneipt bei der »Saxonia« und verfällt dem Kartenspiel.

1833:

Von seiner Schwester Rosalie angespornt, schreibt er die Dichtung seiner ersten durchgeführten und vollständig erhaltenen Oper »Die Feen« nieder. Erstmals die Themen: Zusammenstoß zwischen Geister- und Menschenwelt, Erlösung durch Liebe.

10. Januar: nimmt schlecht bezahlte Stellung als Chordirektor beim Würzburger Theater an.

1834:

Januar: gesamte Partitur der Oper »Die Feen« ist abgeschlossen. Eine für 1834 in Aussicht gestellte Leipziger Aufführung kommt nicht zustande.

Ende Juli: Richard lernt die Schauspielerin Minna Planer näher kennen.

10. Oktober: nimmt seine Tätigkeit als Musikdirektor in Magdeburg auf.

1835:

Januar: Verlobung mit Minna

7. Dezember: Eröffnung der ersten Dampfeisenbahn in Deutschland zwischen Nürnberg und Fürth.

30. Dezember: Orchesterskizze »Das Liebesverbot« fertiggestellt.

1836:

ab 18. Mai: Anzeichen von Minnas Verhältnis mit einem jüdischen Kaufmann in Königsberg. Wagner nach wie vor ohne Anstellung.

24. November: in Königsberg Trauung mit Minna Planer.

1837:

1. April: Wagner erhält endlich die freigewordene Stelle als Musikdirektor am Königsberger Theater, kurz bevor sich wegen Bankrotts der Direktion abermals alles in Auflösung befindet. Die Schulden Wagners können nicht beglichen werden.

31. Mai: Minna verläßt mit einem Kaufmann Dietrich heimlich Königsberg. Erste Ehekrise
3. Juni: Wagner erwägt eine Scheidung.
21. August: Wagner am Theater in Riga, vor Nachstellung seiner Gläubiger aus Magdeburg und Königsberg sicher. Leistete als Dirigent Beachtenswertes.
19. Oktober: Minna kehrt nach Riga zurück und verzichtet für immer auf ihre Bühnenlaufbahn.

1839:

Juni-Juli: Wagner nimmt vier Wochen französischen Unterricht.
9. Juli: Von Mitau aus beginnt eine abenteuerliche Flucht ohne Pässe, da die Gläubiger in Deutschland nicht durch Bekanntwerden des Paßgesuchs aufmerksam gemacht werden sollen.
10. Juli: Wagner überschreitet mit Minna und dem Neufundländer Robber heimlich die russisch-ostpreußische Grenze.
14. Juli: Nahe Königsberg stürzt der Leiterwagen bei einem Gehöft um, Minna wird verletzt.
19. Juli: An Bord der »Thetis«, einem Segler kleinster Gattung mit sieben Mann Besatzung, verlassen die Flüchtenden Pillau in Richtung Kopenhagen.
27.-29. Juli: Sturm im Skagerak, »die Sage vom Fliegenden Holländer, wie ich sie aus dem Munde der Matrosen bestätigt erhielt, gewann in mir eine bestimmte, eigentümliche Farbe.«
29. Juli: Die »Thetis« läuft Sandwiken auf der Insel Boröya an der norwegischen Südküste an.
1. August: Die »Thetis« sticht nach erneuter Havarie in See.
6.-7. August: Zweiter Sturm, Wagner und Minna erwarten in der Kajüte den Tod.
10.-11. August: Dritter Sturm vor der englischen Küste, an Sandbänken vorbei.
12. August: Ankunft in London.
20. August: Mit dem Dampfschiff nach Boulogne-sur-mer, macht durch Zufall die Bekanntschaft Meyerbeers.
16.-17. September: Von Boulogne nach Paris.

Mit dem Aufenthalt in Paris begann in Wagners Leben ein neuer Abschnitt.

WAGNÉRISME

Nach seiner Übersiedlung nach Paris machte Wagner als Mitarbeiter der »Revue et Gazette musicale« zwischen 1839 - 1842 von sich reden. Die französische Presse berichtete in den folgenden Jahren von allen Premieren seiner Opern, bis im Jahr 1850 die Ouvertüre zu »Tannhäuser« als erstes Werk Wagners in Paris gespielt wurde. Zustimmung und Ablehnung hielten sich für einige Jahre die Waage. Am striktesten gegen Wagner und seinen Glauben an »Zukunftsmusik« äußerte sich François-Joseph Fétis. Seine Alternative hieß: Zurück zur Vergangenheit. Auf der anderen Seite stand Charles Baudelaire. 1860 besuchte er das Konzert im Théâtre Italien, in dem Wagner eigene Musik dirigierte. Er beschrieb im Jahr darauf in seinem Wagner-Aufsatz den Rausch, in den ihn Wagners Musik versetzt hatte: »Ich erinnere mich, daß ich von den ersten Takten an einer der glücklichsten Empfindungen erlag, die fast alle phantasievollen Menschen durch den Traum oder durch den Schlaf kennen. Ich fühlte mich von den Fesseln der Schwere befreit ... Er (Wagner) besitzt die Kunst, mit feinen Nuancen alles, was es an Außergewöhnlichem gibt, wiederzugeben. Wenn man dieser glühenden und vergewaltigenden Musik lauscht, scheint es manchmal so, als ob man - zerfetzt von Hirngespinsten - schwindelerregende Opium-Vorstellungen auf den Grund der Finsternis gemalt fände. Von diesem Augenblick an war ich von dem Wunsch besessen, mich mehr und mehr in diese einzigartigen Werke einzuhören. Ich hatte ein spirituelles Ereignis, eine Offenbarung erfahren. Mein Lustgefühl war so furchtbar gewesen, daß ich nicht anders konnte als immerfort dorthin zurückzukehren.«

Obwohl im Jahr 1861 Wagners »Tannhäuser« in Paris noch dreimal zu turbulentesten Ablehnungen führte, wirkte

Baudelaires Wagner-Artikel wie eine Infektion. Vorwiegend die Literaten steigerten sich in den Wagner-Rausch. Seine Philosophie, sein von Schopenhauer übernommener Pessimismus, seine Vergöttlichung der Kunst, seine Auffassung, daß die Kunst die überlebte Religion ersetzen müsse - diese Gedanken berauschten. Dagegen blieben die musikalischen Mittel, mit denen dieser Rausch erzeugt wurde, unbesprochen. Die Franzosen errichteten ihren Wagner-Kult, den »wagnérisme«, ohne Berücksichtigung von Wagners Musik. Kunst trat an die Stelle von Religion.

Das war auch exakt die geistige Position von Joséphin Péladan, dem Großmeister der Rosenkreuzer, des »Ordre de la Rose + Croix du Temple et du Graal«. Er selber titulierte sich »Sâr«. Mit seiner Mischung aus Okkultismus, Bizarrerie, Idealismus und Kitsch hatte er in den neunziger Jahren des letzten Jahrhunderts auf viele Pariser Intellektuelle großen Einfluß ausgeübt. Er setzte Mystik und Magie gegen Bewußtheit und Wissenschaftlichkeit, er versuchte Wagner gegen Taine auszuspielen und war damit in dieser Epoche des »Parsifal« nicht der einzige. In Frankreich befürworteten Joris Karel Huysmans, Léon Bloy, Paul Adam und Rémy de Gourmont Religiosität gegen den Positivismus. Péladan verherrlichte das Mittelalter und träumte sich zurück in das »Morgenland, das ursprüngliche Vaterland«. Heilung versprach er sich von einer Rückkehr zum Spirituellen, zum Okkulten, zu Mystik und Magie. Die einzig wahre Magie aber war für ihn die Kunst, die in seinen Augen Religion war. Daraus ergaben sich seine Präferenzen: Da Vinci, Michelangelo, Beethoven und Wagner. Zwischen 1892 und 1897 veranstaltete der Sâr alljährlich eine Ausstellung, die »Salons de la Rose + Croix«, die der »sieghaften Manifestation der Gesetze der Schönheit« dienen sollten. Dort wurden Werke von Beethoven, Ausschnitte aus Wagner-Opern und eigene Bühnenstücke Péladans aufgeführt. Er nannte sie »wagnéries«, weil sie nach seiner Ansicht Wagnerschen Geist atmeten. Parsifal als Gralssucher ist der Patron des Ordens, »wagnérien« wird zum Qualitätsbegriff. In Péladans Romanen wird an wichtigen Stellen der Handlung etwas von Wagner gespielt, Liebende finden sich in seinem Namen, für manche Geschichten ist sogar Bayreuth der Schauplatz. Am meisten bezieht sich Péladan auf den »Parsifal«, wobei es weniger um die Musik geht als um den Gral, die religiöse Mystik, den Charakter des Bühnenweihfestspiels, die Auffassung von Kunst als Gottesdienst. - In Frankreich breitete sich eine Wagner-Verehrung aus, obwohl nach dem verlorenen Krieg von 1871 die Ablehnung des deutschen Komponisten geradezu zur Revanche gehörte. Die »intoxication en petite dose«[44] ging unaufhaltsam weiter. In den Konzerten wurde fast nur noch Wagner gespielt. Im Winter 1882/83 gab es an einem Abend zur gleichen Stunde von vier verschiedenen Orchestern unter vier verschiedenen Dirigenten das Parsifal-Vorspiel. Man reiste nach Bayreuth, sei es per Fahrrad, per Eisenbahn, mit dem Wagen oder man pilgerte zu Fuß. Der wahre Pilger dürfe sich eigentlich nur auf den Knien nähern, schrieb ein Spötter, von denen es nicht allzuviele gab.

Ein besonders scharfer Kritiker des Wagnérisme war Erik Satie (1866 - 1925). Er machte sich darüber lustig. Auf seinen Schmierblättern notierte er: » ... Sie wissen gut, daß Wagner Franzose war ... er war sehr deutsch-französisch - der teure Mann - wie übrigens alle guten Franzosen ... Wer Wagner nicht liebt, liebt Frankreich nicht. Wissen Sie nicht, daß Wagner Franzose war? - aus Leipsick ... aber sicher ... vergessen? ... schon? Sie ein Patriot? ...«

Seinem Freund Claude Debussy sagte Satie ganz deutlich, was er meinte: » ... daß es für einen Franzosen notwendig sei, sich vom Wagner-Abenteuer zu lösen, weil das nicht unserer Natur entspricht. Ich ließ ihn auch wissen, daß ich keineswegs Anti-Wagnerianer war, aber daß wir eine Musik nach unserer Art haben müßten, wenn möglich ohne Sauerkraut.«[45]

ZUKUNFTSMUSIK

Wagner schrieb 1860 in Paris einen Artikel mit dem Titel »Zukunftsmusik«, versehen mit einem Zusatz: »An einen französischen Freund (Fr. Villot) als Vorwort zu einer Prosa-Übersetzung meiner Operndichtungen.« Vorher schon hatte Wagner Studien zu diesem Thema verfaßt unter den Stichworten »Das Künstlertum der Zukunft«, »Die Kunst und die Revolution«, sowie »Das Kunstwerk der Zukunft«, das schon 1849 vollendet wurde. In der Schrift »Zukunftsmusik« wandte Wagner sich gegen die angebliche Form-, Melodie- und Rhythmuslosigkeit, die er für die Musik im Sinn habe. Der Inhalt verbreitete bei den Zeitgenossen Verwirrung und der Titel forderte bald zum Spott heraus. Der Begriff »Zukunftsmusik« wurde erstmals von Louis Spohr 1854 in einem Brief verwendet.

In Frankreich hieß Wagner »Le musicien de l'avenir«. Es gab Karikaturen, die ihn als »Zukunftsmusiker« darstellen, nicht zuletzt auf dem Titelblatt der »Sinfonie de l'avenir«, die Jacques Offenbach 1860 zur Ankunft Wagners in Paris komponiert hatte. Sie führte zu einem irreparablen Zerwürfnis zwischen den beiden. Wie zu anderen Problemen, gibt es auch zu diesem widersprüchliche Aussagen von Wagner. Am 30. September 1870 äußerte er zu Cosima: »Cosima, wenn das Kunstwerk der Zukunft eine Chimäre wäre?« Trotz aller scheinbaren Verhaftung im Pessimismus war zu der Zeit der Gedanke einer Eroberung der Zukunft geläufig. Auch Franz Liszt meinte: »Ich möchte meinen Speer so weit wie möglich in das unendliche Reich der Zukunft schleudern.« Solche Ideen wurden erst möglich mit dem Aufkommen des Historismus, also in einer Zeit, die sich ihrer Geschichtlichkeit bewußt wurde. Das bestimmte das Denken der

europäischen Menschheit für mehr als hundert Jahre. Zu erkennen war es in der Fortschrittsgläubigkeit, den künstlerischen Tendenzen des Futurismus während des Ersten Weltkriegs. Es zeigte sich in der Musik extrem in Schönbergs Überzeugung von 1923, daß er mit der Zwölftontechnik ein Kompositionsprinzip geschaffen habe, das die nächsten hundert Jahre beherrschen werde. Die auf Barock und Frühklassik zurückgreifenden Entwicklungen nach dem Ersten Weltkrieg (Strawinsky, Busoni, Prokoffieff, Ravel) bedeuteten kein Ritardando für die Zukunftsbegeisterung der Musiker. Erst mit den postmodernen, neotonalen Tendenzen der achtziger Jahre lenkten sich die Blicke rückwärts.

Das Judentum in der Musik

Antisemitisches Pamphlet von Richard Wagner, veröffentlicht am 3. und 6. September 1850 unter dem Pseudonym K. Freigedank in der von Robert Schumann gegründeten »Neuen Zeitschrift für Musik«, später von ihm selbst in seine Gesammelten Schriften aufgenommen.[46]

Es gab einen biographischen Anlaß für Wagners Haßtirade. Er spricht in dem Artikel von einem »in Paris lebenden jüdischen Tonsetzer«, dessen Namen er verschweigt - wie auch seinen eigenen. Das war Giacomo Meyerbeer. Wagner traf den berühmten Komponisten zufällig in Boulogne-sur-Mer am 20. August 1839. Er spielte Meyerbeer, der sich in dem Seebad zur Kur aufhielt, Teile aus seinem »Rienzi« vor. Meyerbeer war so davon angetan, daß er Wagner zusagte, ihn in Paris mit den einflußreichen Persönlichkeiten des Opernlebens bekannt zu machen. Aus den Notizen in Meyerbeers Taschenkalender kann man ersehen, in welchem Maße er sich mit der Vermittlung von Gesprächen, Versendung von Briefen und Beistand bei Verhandlungen für Wagner verwendete. Er griff ihm auch finanziell unter die Arme, verfaßte Empfehlungsschreiben für »Rienzi« und später für den »Fliegenden Holländer« und machte den Berliner Generalintendanten auf den jungen interessanten Komponisten aufmerksam. Wagner hatte so freimütige Unterstützung nicht erwartet und schickte dem »jüdischen Tonsetzer« einen 302 Zeilen umfassenden Aufsatz, in dem er überschwenglich seine Übernationalität preist. Darin heißt es unter anderem:

»Meyerbeer schrieb Weltgeschichte, Geschichte der Herzen und Empfindungen, er zerschlug die Schranken der National-Vorurtheile, vernichtete die beengenden Grenzen der Sprach-Idiome, er schrieb Thaten der Musik, Musik, wie sie vor ihm

Händel, Gluck und Mozart schrieben, und diese waren Deutsche und Meyerbeer ist ein Deutscher.«[47]

Genau das wollte Meyerbeer hören, war er doch als Jude aus seiner Heimatstadt Berlin weggegangen, weil ihm dort Judenhaß bis zur Traumatisierung entgegenschlug. Er dagegen wollte ein Komponist in der deutschen Tradition sein. Vielleicht labte er sich an Wagners Aufsatz, vielleicht durchschaute er den um 22 Jahre jüngeren Richard Wagner bereits: er verwertete diese Schrift nicht, sondern ließ sie in der Schublade liegen, wo sie erst nach Meyerbeers Tod entdeckt wurde. – 1846 richtete Wagner erneut eine Bitte um größere finanzielle Hilfe (1200 Taler) an Meyerbeer, der sie dieses Mal nicht gewährte. 1849 machte Meyerbeer mit der Uraufführung seines »Propheten« wieder in der Welt von sich reden. Da ging Wagner in die Offensive:

»In der ›Neuen Zeitschrift für Musik‹ kam unlängst ein ›hebräischer Kunstgeschmack‹ zur Sprache: eine Anfechtung und eine Vertheidigung dieses Ausdrucks konnten und durften nicht ausbleiben. Es dünkt mich nun nicht unwichtig, den hier zu Grunde liegenden, von der Kritik immer nur noch versteckt oder im Ausbruche einer gewissen Erregtheit berührten Gegenstand näher zu erörtern.« Das sind die ersten Sätze des Artikels »Das Judenthum in der Musik« von 1850.

Darauf folgten achtzehn Druckseiten, in denen Wagner seinen Widerwillen in Worte faßte.[48]

» ... die unbewußte Empfindung, die sich im Volke als innerlichste Abneigung gegen jüdisches Wesen kundgibt ... fühlten wir uns bei wirklicher, thätiger Berührung mit Juden von diesen stets unwillkürlich abgestoßen ... wir haben uns das unwillkürlich Abstoßende, welches die Persönlichkeit und das Wesen der Juden für uns hat, zu erklären ... Der Jude ist nach dem gegenwärtigen Stande der Dinge dieser Welt wirklich bereits mehr als emanzipirt: er herrscht, und wird solange herrschen, als das Geld die Macht bleibt ... Wir haben nicht erst nöthig, die Verjüdung der modernen Kunst zu bestätigen; sie springt in die Augen und bestätigt sich den Sinnen von selbst ... instinktmäßiger Widerwille gegen das jüdische Wesen ... äußere Erscheinung ... wir wünschen unwillkürlich mit einem so aussehenden Menschen Nichts gemein zu haben ... Wir können uns auf der Bühne keinen antiken oder modernen Charakter, sei es ein Held oder ein Liebender, von einem Juden dargestellt denken, ohne unwillkürlich das bis zur Lächerlichkeit Ungeeignete einer solchen Vorstellung zu empfinden ... Im Besonderen widert uns aber die rein sinnliche Kundgebung der jüdischen Sprache an ... die semitische Aussprechweise ... ein zischender, schrillender, sumsender oder murksender Lautausdruck der jüdischen Sprechweise ... der Charakter eines unerträglich verwirrten Geplappers, bei dessen Anhörung unsere Aufmerksamkeit unwillkürlich mehr bei diesem widerlichen Wie, als bei dem darin enthaltenen Was der jüdischen Rede verweilt ... Hören wir einen Juden sprechen, so verletzt uns unbewußt aller Mangel rein menschlichen Ausdrucks in seiner Rede: die kalte Gleichgültigkeit des eigenthümlichen ›Gelabbers‹. Steigert der Jude seine Sprechweise ... gar zum Gesang, so wird er uns damit geradeswegs unausstehlich ... wirkt in seinem Gesange auf uns endlich davonjagend, solange wir nicht durch die vollendete Lächerlichkeit dieser Erscheinung gefesselt werden sollten ... sollten wir, einer natürlichen Annahme gemäß, den Juden je für kunstbefähigt halten dürfen ... der herzloseste aller Menschen ... Wagner bestreitet, daß Juden je eine eigene Kultur gehabt hätten, behauptet sogar, daß jüdische Kunst ein allgemeingültiger menschlicher Gehalt innewohne. »... die Synagoge ist der einzige Quell, aus welchem der Jude ihm verständliche volksthümliche Motive für seine Kunst schöpfen kann ... Wer hat nicht Gelegenheit gehabt, von der Fratze des gottesdienstlichen Gesanges in einer eigentlichen Volks-Synagoge sich zu überzeugen? Wer ist nicht von der widerwärtigsten Empfindung, gemischt von Grauenhaftigkeit und Lächerlichkeit, ergriffen worden beim Anhören jenes Sinn und Geist verwirrenden Gegurgels, Gejodels und Geplappers, das keine absichtliche Karrikatur widerlicher zu entstellen vermag, als es sich hier mit vollem naivem Ernste darbietet? ... der von uns bereits näher charakterisierte Jude hat keine wahre Leidenschaft ... Was so der Vornahme der Juden, Kunst zu machen, entsprießt, muß daher nothwendig die Eigenschaft der Kälte, der Gleichgiltigkeit, bis zur Trivialität und Lächerlichkeit an sich haben, und wir müssen die Periode des Judenthums in der modernen Musik geschichtlich als die der vollendeten Unproduktivität, der vollkommenen Stabilität bezeichnen ... Ein weit und breit berühmter jüdischer Tonsetzer unserer Tage ... (Meyerbeer) ... schreibt für Paris Opern und läßt diese dann leicht in der übrigen Welt aufführen ... das Kaltlassende, wirklich Lächerliche, das Bezeichnende des Judenthums für diejenige Kundgebung desselben ist, in welcher der berühmte Komponist sich uns in Bezug auf die Musik zeigt ... die Rechtfertigung unseres unüberwindlichen Widerwillens gegen jüdisches Wesen ...«

Wagners eigenes Auftreten als Dirigent in Paris 1860 mit der Aufführung des begeistert aufgenommenen ›Tannhäuser‹-Marschs, Teilen aus dem ›Lohengrin‹, der Ouvertüre zum ›Fliegenden Holländer‹ und dem die Zuhörer verwirrenden ›Tristan‹-Vorspiel fand nur zwei Jahre, nachdem Offenbach und seine Bouffes-Parisiens mit ›Orphée aux Enfers‹ von sich reden gemacht hatten, statt.

Für das Bewußtsein der Pariser Öffentlichkeit kam Wagner als »Zukunftsmusiker« in die französische Hauptstadt. Offenbach witterte etwas Spektakuläres und fügte in ein Programm zum Karneval 1860 einen Sketch ein mit dem Titel »Le Musicien de l'avenir« (Der Zukunftsmusiker), für den er eine »Sinfonie de l'avenir« (Zukunftssinfonie) komponiert hatte. Wagner war tief beleidigt über diese Parodie; daraus entstand die lebenslange Fehde zwischen den beiden. Offenbach meinte über Tannhäuser: »Akademisch und langweilig zu sein, das ist nicht Kunst; es ist besser, spritzig und melodiös zu sein.« Wagner konterte: »Offenbach besitzt die Wärme des Misthaufens, in dem sich die Schweine Europas suhlen.«

Dabei ließ Wagner es jedoch nicht bewenden. 1868, im Jahr seiner »Meistersinger« und der »Banditen« von Offenbach, gab er noch einmal »Aufklärungen über das Judenthum in der Musik« heraus, in denen er nun auch Offenbach namentlich angriff und dieses Mal auch unter seinem eigenen Namen. Er monierte, daß sich in der »einflußreichen großen politischen

Zeitungspresse« Anfeindungen gegen ihn und Liszt kundtaten. »Ich erlebte es mit der Zeit, daß in einem solchen geachteten Blatte es mir unmöglich werden sollte, Offenbach's in der ihm gebührenden Weise zu erwähnen ... Wem aber gehört diese Presse? Unsere Liberalen und Fortschrittsmänner haben es empfindlich zu büßen, von den altkonservativen Gegenparteien mit dem Judenthum und seinen spezifischen Interessen in einen Topf geworfen zu werden ...«

Die öffentliche Reaktion auf diese Broschüre war verheerend: es gab an die 170 Gegenschriften, die Mannheimer pfiffen die »Meistersinger« aus, die Wiener verstanden das Beckmesser-Ständchen als Verhöhnung eines Synagogen-Gesangs, in Paris gab es vor der Erstaufführung des »Rienzi« neue Presse-Attacken. Die sachlichste und würdigste Entgegnung schrieb Gustav Freytag im »Grenzboten« Nr. 22: er halte einen Angriff auf das jüdische Wesen in keiner Richtung mehr für zeitgemäß, denn die Juden seien längst »Mitbürger nach guten Zielen« geworden.

Besonders schockiert waren Hans v. Bülow und Franz Liszt, der sich schon beim ersten Aufsatz 1850 befremdet gezeigt hatte. Wagner schrieb ihm damals: »Ich hegte einen lang verhaltenen Groll gegen diese Judenwirtschaft, und dieser Groll ist meiner Natur so notwendig wie Galle dem Blute. Eine Veranlassung kam, indem mich ihr verfluchtes Geschreibe am meisten ärgerte, und so platzte ich denn endlich einmal los: es scheint schrecklich eingeschlagen zu haben, und das ist mir recht, denn solch einen Schreck wollte ich ihnen eigentlich nur machen.«[49]

Wagner wurde noch einmal ausfallend gegen Offenbach, und zwar nach dem preußischen Sieg und der französischen Niederlage 1870 in seinem als »Lustspiel in antiker Manier« bezeichneten Stück »Eine Kapitulation«, worin er sowohl das geschlagene Frankreich wie auch die Deutschen verspottete, die vor der Pariser Operette kapitulierten. Er bot den Text Karl Ritter zur Vertonung im »Offenbach-Stil« an. Dieser lehnte ab, nachdem auch ein Berliner Theater sich negativ geäußert hatte. In seinem »Lustspiel« sagte Wagner eindeutig, wie er den Komponistenkollegen einschätzt: » ... das internationale Individuum Jack von Offenback ...« Die ganze Strophe heißt:

»Oh, wie süß und angenehm,
und dabei für die Füße so recht bequem!
Krak! Krak! Krakerakrak!
O herrlicher Jack von Offenback!«

Friedrich Nietzsche war kein Antisemit, er äußerte sich sogar sehr scharf dagegen: »Welche Wohltat ist ein Jude unter Deutschen.« Allerdings auch: »Ich bin noch keinem Deutschen begegnet, der den Juden gewogen gewesen wäre.« Gegen Ende seiner Geistesklarheit schrieb Nietzsche: »Unter Ausländern kann man hören, daß die Juden noch nicht das Unangenehmste sind, was aus Deutschland kommt.«

In den neunziger Jahren des vorigen Jahrhunderts machten die Antisemiten sich bereits Gedanken über eine »Lösung der Judenfrage«. Hermann Ahlwardt hatte schon 1895 die Juden als »Raubtiere« bezeichnet, die es gelte »auszurotten«. Karl Paasch schrieb 1892 in seinem Danziger »Antisemiten Spiegel«, die einfachste Lösung der Judenfrage bestehe darin, die Juden umzubringen, die zweitbeste Lösung sei die Deportation nach Guinea. Das ist die Fortsetzung der Tendenzen, die sich bereits zu Anfang des Jahrhunderts abzeichneten. Auch Wagner wünschte sich, wie erwähnt, für »alle Juden« ein Autodafé.

Wagners Antisemitismus wurde im Lauf der Jahre immer rabiater. Seine Verehrer haben - soweit es nicht zwischen 1933 und 1945 war - versucht, das herunterzuspielen; dabei half auch, daß zum Beispiel die beiden Folgen über »Das Judenthum in der Musik« nicht in die Auswahl seiner Schriften aufgenommen wurden, sondern mit einigen Mühen in den Gesammelten Schriften gesucht werden mußten. Es ist auch versucht worden, Wagner zu entlasten, indem der Einfluß der bedingungslos antisemitischen Cosima aufgrund ihrer Tagebücher hoch bewertet wurde, er, Richard, also zu ihren, Cosimas, Lasten mildernde Umstände zuerkannt bekam. Die erstaunlichsten Balancekunststücke veranstalteten Wagner-Verehrer wie Wagner-Hasser anläßlich des von Nietzsche geäußerten Verdachts, daß Wagners »Vater«

Ludwig Geyer, der Schauspieler, Jude gewesen sei, was eine Auflage des jüdischen Lexikons bestätigt. – Die Wagner-Verehrer setzten alles daran, zu beweisen, daß Richard Wagner entweder nicht den Schauspieler Ludwig Geyer zum Vater gehabt habe, sondern Friedrich Wagner, der ein halbes Jahr nach Richards Geburt starb, oder, für den Fall, daß es doch Geyer gewesen sein sollte, dieser nachweislich nicht Jude gewesen sei. Es blieb ein makellos arischer, deutscher Meister Richard Wagner übrig. Wagner durfte nicht zur Hälfte Deutscher und zur Hälfte Jude gewesen sein – anscheinend wird das immer noch als Makel angesehen.

Wagner schrieb am 24. Oktober 1872 an Nietzsche:

»Über das ›was ist deutsch‹ denke ich immer mehr nach und gerate endlich, an der Hand einiger neuerer Studien, in eine sonderbare Skepsis, die mir das ›Deutschsein‹ als ein reines Metaphysikum übrig läßt, als solches mir dieses aber grenzenlos interessant und jedenfalls ganz einzig in der Weltgeschichte erscheinen läßt, vielleicht mit dem einzigen Pendant des Judentums zur Seite, wenn etwa der Hellenismus doch nicht recht passen sollte.«

Martin Gregor-Dellin unternimmt eine »Spektralanalyse« des Wagner'schen Antisemitismus und kommt zu dem Ergebnis: »Es war eine Haßliebe.«[50] Das wirft ein besonderes Licht auf Wagners lebenslange schmerzliche Suche nach seinem Vater. Als er von seiner Schwester Cäcilie Kopien von Familienbriefen erhielt, schrieb er ihr:

»Mir ist es, als ob unser Vater Geyer durch seine Aufopferung für die ganze Familie eine Schuld zu verbüßen glaubte.«[51]

BAYREUTH

Schon im Jahr 1848, dem Jahr der Vollendung des »Lohengrin«, dachte Richard Wagner über eine tiefgreifende Reform des Theaters nach. Er hielt den Theaterbereich für ein »verwahrlostes öffentliches Kunstgebiet« und verfaßte einen »Entwurf zur Organisation eines deutschen Nationaltheaters für das Königreich Sachsen«. Es sollte 28 Jahre dauern, bis sich Wagners Traum in Bayreuth erfüllte. Zu Anfang meinte er, wenn er 10.000 Taler hätte, würde er aus Brettern ein Theater errichten, drei mal in der Woche eine Vorstellung anberaumen, »worauf das Theater abgebrochen wird und die Sache ihr Ende hat.«

Wagner erkannte mehr und mehr, daß der laufende Repertoirebetrieb nicht in der Lage sein würde, seine Werke korrekt aufzuführen. Er sprach im Laufe der Jahre immer mehr von der »fast grotesken Inkorrektheit der Leistungen« der gängigen deutschen Opernaufführungen und sah klar, daß es, um höhere Qualität zu erreichen, notwendig wäre, Sänger von Talent für eine Zeit zusammenzurufen und sie ohne den abendlichen Repertoirebetrieb nur mit einer Rolle zu beschäftigen. Dann wäre »eine ernste charakteristische Wiedergabe der Rollen meines Dramas durch beste Talente« ermöglicht. Für die Architektur hatte Wagner von Anfang an die innovative Vorstellung, daß das Orchester unsichtbar sein sollte. Die Besucher würden sich bei eintretender Dämmerung sammeln und bei frischen Kräften »wird sie der erste mystische Klang des unsichtbaren Orchesters zu der Andacht stimmen, ohne die kein wirklicher Kunsteindruck möglich ist.«

In der ersten Fassung dieses Konzeptes dachte Wagner nicht ausschließlich an seine eigenen Werke. Ein Preisausschreiben sollte andere passende Opern finden; der Preis sollte im Aufführen des prämierten Werks nach der konzipierten Art bestehen. Eine Methode, die Offenbach ebenfalls bei der Gründung der »Bouffes« verfolgte. Wagner vergaß auch den nationalen Aspekt nicht: in der geplanten Art des Einstudierens und der Aufführung »können sich die Ansätze zu einem wirklich deutschen Stil für musikalisch-dramatische Aufführungen bilden, von denen gegenwärtig noch keine Spur vorhanden ist.« Wagner hielt einzig sich für geeignet, eine solche Aufführung zu leiten.

Das größte Problem war die Beschaffung der Geldmittel. Er sah zwei Möglichkeiten: 1. »Eine Vereinigung kunstliebender vermögender Männer und Frauen ... Bedenke ich, wie kleinlich die Deutschen in solchen Dingen verfahren, so habe ich nicht den Mut, von einem hier zu erlassenden Aufrufe mir Erfolg zu versprechen. 2. Sehr leicht fiele es dagegen einem deutschen Fürsten, der hierfür keinen neuen Satz auf seinen Budget zu beschaffen hätte ... Wird dieser Fürst sich finden?«

Dieser Fürst fand sich in Ludwig II. von Bayern, der 1864 im Alter von achtzehn Jahren den Thron bestieg. Er war ein glühender Verehrer der Kunst und der Person Richard Wagners. Er beschloß im Jahr seiner Thronbesteigung, in München ein Festtheater für die Uraufführung des »Ring des Nibelungen« errichten zu lassen. Der von Wagner benannte Gottfried Semper wurde mit der Ausführung des Baues beauftragt. Das Haus sollte für die Premiere des »Ring« bereits im Spätherbst 1867 vollendet sein. Im November 1865 veröffentlichte der Münchener »Volksbote« einen Angriff gegen Wagner, der daraufhin den Fehler beging, sich in die Kabinettspolitik einzumischen. Wagner mußte Bayern verlassen, siedelte nach Genf über. Es gab mehrere geheime Zusammentreffen mit König Ludwig II., von dem Wagner immer wieder finanzielle Zuwendung erhielt.

Ab 1871 interessierte sich Wagner für Bayreuth, auf das er durch einen Artikel im Konversationslexikon aufmerksam geworden war. Er besichtigte die örtlichen Verhältnisse und beschloß, sich dort niederzulassen und ein Festspielhaus zu errichten. Auf Bayreuth sei seine Wahl gefallen, weil es das

Badepublikum fernhalte, kein stehendes Theater habe und in Bayern gelegen sei. »Die Kosten meiner Unternehmung sollen einzig durch Privatpersonen zusammengebracht werden,« sagte er, nachdem er von Bismarck die kalte Schulter gezeigt bekommen hatte.

Im Mai 1872 wurde der Grundstein für das Festspielhaus gelegt. Schon im nächsten Jahr gerieten die Zahlungen ins Stocken und gefährdeten den nächsten Bauabschnitt. Nach einigem Hin und Her sprang der König mit 100.000 Talern ein. Wagner begab sich wieder auf Konzertreisen und steuerte den Erlös der Bausumme bei. Ein Gesuch an den deutschen Kaiser und an Bismarck um ein Festspiel-Darlehen blieb ohne Erfolg.

1876 begannen die Proben in Bayreuth für die vier Werke des »Ring«. Am 13. August eröffnete das Festspielhaus mit der Uraufführung des »Rheingold«, an den nächsten Abenden folgten »Walküre«, »Siegfried« und »Götterdämmerung«. Zu den Gästen gehörten Kaiser Wilhelm I., der Kaiser von Brasilien, der König von Württhemberg, der Großherzog von Sachsen-Weimar, viele andere Fürsten, aber auch die Komponisten Anton Bruckner und Peter Tschaikowsky. – Die Festspiele endeten mit einem katastrophalen Defizit von 148.000 Mark. Wagner entwickelte Ludwig II. den Vorschlag, das Deutsche Reich solle das Festspielhaus als Eigentum der Nation übernehmen. Im Jahr darauf forderte er zur Gründung eines »Patronatvereins zur Pflege und Erhaltung der Bühnenfestspiele in Bayreuth« auf; der solle sich mit einem Gesuch um Unterstützung an den Reichstag wenden. Wagner mußte jedoch vor dem Patronatsverein bekennen: »Wir sind in einem schrecklichen Zustande. An eine Hülfe von Seiten des Reichstages ist nicht zu denken. Im Reichstag ist nicht ein Mensch, der weiß, worum es sich für uns handelt.« Als Resultat seiner Erfahrungen formulierte Wagner: »Ich hoffe nicht mehr auf den »deutschen Geist«, auf den ich noch bei der Widmung meines Nibelungenwerkes Vertrauen ankündigen zu dürfen glaubte.« Schon 1877 sah er als Ultima Ratio nur sein Auswandern nach Amerika an, wie Jacques Offenbach reichlich zwanzig Jahre zuvor. Wagner bekräftigte sein Mißvergnügen an den deutschen Verhältnissen und seine Neigung, nach Übersee zu emigrieren, noch 1880, nachdem es Cosima gelungen war, mit dem Münchener Staat einen Tantieme-Vertrag zur Abdeckung des Bayreuther Defizits zustande zu bringen. Wagner schrieb 1880, also vier Jahre nach der Eröffnung des Festspielhauses an Ludwig II.: »...meine Ermüdung ist grenzenlos ... Diese nutzlosen Bemühungen um den Gewinn der Mittel zu einer dauerhaften Stiftung, welche nun einmal der elende Zustand der deutschen »Nation« nicht zu gewähren vermag, machen mich endlich rasend ... ich habe schon ernstlich an eine vollständige Übersiedlung nach Amerika gedacht ...«

Abgesehen von der finanziellen Misere der Festspiele war Wagner auch mit der technischen und künstlerischen Ausführung nicht einverstanden gewesen, berichtete Cosima. Der Dirigent Karl Richter, mit dem Wagner gemeinsam im Sommer die Proben abgehalten hatte, sei »nicht eines Tempos sicher gewesen.«

Das finanzielle Defizit war im ganzen so groß, daß erst 1882, im Jahr vor Wagners Tod, mit »Parsifal« wieder regelmäßige Aufführungen stattfinden konnten. 1886 übernahm Cosima die Leitung in Bayreuth und in Verbindung damit die Sakralisierung Richard Wagners. Sie wurde 1908 von ihrem Sohn Siegfried abgelöst. Der erste Weltkrieg verursachte eine Unterbrechung von 1915 bis 1923. Dann begannen die ständigen Besuche Hitlers in der Villa Wahnfried, über die Friedelind Wagner in ihren Memoiren »Nacht über Bayreuth« ausführlich berichtet. Wie eng die Beziehung ihrer Mutter Winifred zu »unserem seligen Adolf« waren, konnte sie nicht überblicken. Da der Briefwechsel zwischen Winifred Wagner und Adolf Hitler wie auch die Filmdokumente bis heute nicht veröffentlicht wurden, liegt diese Verbindung nach wie vor im Dunkel der Geschichte. Gottfried Wagner, der Sohn von Wolfgang, dem derzeitigen Chef von Bayreuth, der Urenkel von Richard, bemüht sich in seinem Buch »Wer nicht mit dem Wolf heult« um eine Enthüllung der Lebenslüge der Familie Wagner und des Grünen Hügels, die schon vor dem Schöpfer der Musikdramen begonnen hatte.

1943/44 wurden die Festspiele zu »Kriegsfestspielen« erklärt, für ein »Kraft durch Freude«-Publikum wurden nur noch die »Meistersinger« aufgeführt. 1945 besetzten amerikanische Truppen das schwer zerstörte Bayreuth. Im gut erhaltenen Festspielhaus gab es Varieté-Vorführungen, Truppenbetreuungen, Gottesdienste und andere »gemischte« Veranstaltungen. Dem Testament Siegfried Wagners folgend bemühten sich seine Söhne Wolfgang und Wieland - seinerzeit Schutzbefohlene »unseres seligen Adolf« - nach der Entnazifizierung ihrer Mutter Winifred, den Festspielbetrieb wieder in Gang zu bringen. Es gelang ihnen, die finanziellen Mittel dafür zu mobilisieren. Seit 1951 gibt es wieder Wagner-Festspiele in Bayreuth mit internationalem Publikum. In der Nachfolge des deutschen Kaisers Wilhelm I. und Adolf Hitlers erschienen fast regelmäßig die Präsidenten oder andere hohe Repräsentanten der Bundesrepublik zur Premiere.

Marx, Karl

(1818-1883) Im gleichen Jahrzehnt geboren wie Wagner und Offenbach, in Trier, also noch etwas weiter im Westen als Offenbach, jüdischer Abkunft wie dieser. Sein Vater, Sohn eines Rabbiners, war bereits zum evangelischen Glauben übergetreten. Karl Marx betonte sein Judentum nie, verleugnete dies eher, so weit, daß man ihm antisemitische Tendenzen nachsagen konnte. – Er hatte 1848 die gleichen politischen Ideale wie Richard Wagner, dieser hatte sich vorher schon mit französischen sozialistischen Gedanken, zum Beispiel von Pierre Joseph Proudhon, beschäftigt. Im Frühjahr 1850 nahm Wagner sogar in Paris an einer Wählerveranstaltung der sozialdemokratischen Partei teil und war beeindruckt von dem »würdigen« und »zuversichtlichen« Auftreten der Linken. In späteren Jahren steigerte sich Wagner in immer größeren Haß auf die politische Linke, meinte jedoch 1878 im Zusammenhang mit Bismarcks Vorlage des Sozialistengesetzes »wider die gemeingefährlichen Bestrebungen der Sozialdemokratie«, daß die Führer der sozialistischen Bewegung vielleicht konfuse, sogar intrigante Menschen sein mögen, daß dem Sozialismus aber die Zukunft gehöre, allerdings nicht in nahe bevorstehender Zeit. Wagner kannte Marx nicht persönlich, erwähnte ihn auch nicht. Er dürfte über seinen Freund Georg Herwegh, der zum Marx-Engels-Kreis gehörte, informiert gewesen sein.

Marx war die Tagesaktualität Wagners nicht entgangen. Er reiste 1876 nach Karlsbad und mußte in Nürnberg Station machen, fand dort jedoch kein Unterkommen, »indem die Stadt überschwemmt sei, teils infolge eines Müller- und Bäckerkongresses, teils durch Leute aus allen Weltteilen, die sich von dort zu dem Bayreuther Narrenfest des Stadtmusikanten Wagner begeben wollten«, schrieb Marx am 19. August 1876 an Friedrich Engels. Das mußte jedoch nicht bedeuten, daß Marx in Wagners Musik, in dessen Bühnenästhetik oder Gedankenwelt eingedrungen war.

Eine persönliche Verbindung von Marx zu dem politisch nicht interessierten Jacques Offenbach ist nicht herzustellen. Es mag sein, daß sie sich von Zeit zu Zeit beide in Köln aufhielten, es mag auch sein, daß Offenbach von seinem Freund Karl Cramer, der gemeinsam mit Marx und Engels zum Redaktionsstab der Rheinischen Zeitung gehörte, über die kommunistischen Tendenzen der beiden erfahren hat, es ist jedoch keine Äußerung Offenbachs dazu überliefert. Marx konnte aber anscheinend Offenbach einschätzen; das beweist ein Brief an seine Tochter Jenny von der selben Reise nach Karlsbad: »All überall wird man mit der Frage gequält: Was denken Sie von Wagner? Höchst charakteristisch für diesen neudeutsch-preußischen Reichsmusikanten: Er nebst Gattin (der von Bülow sich getrennt habenden), nebst Hahnrei Bülow, nebst ihrem gemeinschaftlichen Schwiegervater Liszt hausen in Bayreuth alle vier einträchtig zusammen, herzen, küssen und adorieren sich und lassen sich's wohl sein. Bedenkt man nun außerdem, daß Liszt römischer Mönch und Madame Wagner (Cosima mit Vornamen) seine von Madame d'Agoult (Daniel Stern) gewonnene »natürliche« Tochter ist - so kann man kaum einen besseren Operntext für Offenbach ersinnen als diese Familiengruppe mit ihren patriarchalischen Beziehungen. Es ließen sich die Begebenheiten dieser Gruppe - wie die Nibelungen - auch in einer Tetralogie darstellen.«

Das Spektrum des deutschen Denkens in der Mitte des vorigen Jahrhunderts offenbart sich in einer Auflistung der Arbeiten der annähernd gleichaltrigen Persönlichkeiten Karl Marx, Richard Wagner und Jacques Offenbach:

1848 MARX: Kommunistisches Manifest
1850 WAGNER: Lohengrin
1867 Marx: Das Kapital
1867 OFFENBACH: Die Großherzogin von Gerolstein
1868 WAGNER: Die Meistersinger

Die Auswirkungen auf unser Jahrhundert - nicht nur in

Deutschland - werden deutlich, wenn man auch das Hauptwerk Darwins mit auf die Liste setzt:

1858 Offenbach: Orpheus in der Unterwelt
1859 Darwin: Entstehung der Arten durch natürliche Zuchtwahl
1859 Wagner: Tristan und Isolde
1859 Marx: Zur Kritik der politischen Ökonomie

Militär

Zur Weltausstellung 1867 brachten Offenbach und seine Librettisten Ludovic Halévy und Henri Meilhac »Die Großherzogin von Gerolstein« heraus. Das Stück bescherte ihnen Schwierigkeiten mit der Zensur. Das Sujet lehnt sich an den Roman »Les Mystères de Paris« von Eugène Sue an.

Die Hauptperson, die Großherzogin von Gerolstein, führt sich ein mit dem Lied:

»Ach, wie liebe ich die Soldaten,
mit der Uniform adrett,
mit dem Schnurrbart so kokett;
ach, wie liebe ich die Soldaten,
der kühne Blick verheißt mir Taten,
so männlich, so komplett.
Wenn ich meine Männer seh',
für mich zum Kampf sich stellen,
groß und stramm von Kopf bis Zeh,
muß mir nicht der Busen schwellen?
Gleich, ob ihr siegt, ob ihr verliert,
es gibt nur eins, was interessiert ...
ach, wie liebe ich die Soldaten ...«

Die soldatenversessene Großherzogin hat sich in den Schützen Fritz verliebt und befördert ihn deshalb zum General, degradiert ihn aber spornstreichs wieder zum Schützen, als sie hört, daß er seinem Mädchen Wanda treu bleiben will. Der Krieg wird erklärt, weil Baron Puck, der Ratgeber und einstige Erzieher der Großherzogin, dieser eine kleine Zerstreuung verschaffen will. Im Mittelpunkt des Stückes steht der General Bumm, der sehr eifersüchtig auf den Schützen Fritz ist. Seine Person ist eine Persiflage auf den Offiziersstand: anstatt Schnupftabak zu nehmen, wie andere Leute, feuert er seine Pistole in die Luft und zieht den Rauch aus der leeren Patrone ein. Wenn er über seine Tüchtigkeit in der Liebe und im Krieg prahlt, gibt er zu, daß der Federbusch an seinem Helm zwar dem Feind Furcht einjagt, aber auf der Chaiselongue hinderlich ist:

»Ob zu Roß, ob auf der Kanone, stets in Gefahr!
Ich fresse ganze Bataillone mit Haut und Haar.
Die Feinde ohne langes Fackeln zittern kusch, kusch, kusch,
sehn auf meinem Hute sie wackeln den Federbusch ...
piff, paff, puff, und tarapapapum, ich bin der General Bum Bum ...«

Bei diesem Stück, das so frivol den Krieg, das Militär, die absolutistischen Herrschaftsmethoden, die Günstlingswirtschaft auf die Bühne brachte - und das zur Zeit der Weltausstellung 1867 - griff die Zensur ein: die Geschichte wurde ins 18. Jahrhundert verlegt, an den Hof in einer deutschen Kleinstadt mit Namen Gerolstein. Um jede Anspielung auf Katharina die Große, ihr Rußland und ihre Liebesgeschichten zu vermeiden, durfte die Primadonna Hortense Schneider ein quer über die Brust laufendes Ordensband nicht tragen. Die Zensurbehörde war geradezu nervös, weil sich Zar Alexander II. wie auch Reichskanzler Bismarck mit Graf Moltke zum Besuch des Theaters angemeldet hatten. Alle politischen Anzüglichkeiten mußten ausgemerzt werden. - Hier war das harte Knirschen der europäischen Politik zu hören, hier war aber auch zu erkennen, wie nahe eine Produktion des Offenbach-Teams an politisches Kabarett herankam.

Die Weltausstellung wurde am 1. April 1867 eröffnet. Sie war ein Schaufenster für die Industrie. Preußen schickte eine 50 Tonnen schwere Kanone von Krupp und ein Reiterstandbild Friedrichs des Großen. Zwar wurde die Weltausstellung als das Hauptereignis des Jahres angesehen, und doch war 1867 das Jahr der »Grande Duchesse von

Gerolstein«. Das Jahr hatte auch eine besondere Farbe, »La Couleur Bismarck«, und das war »braun«. Bismarck bezog die Story über Gerolstein auf alle deutschen Kleinstaaten, war entzückt und soll gesagt haben: »C'est ça! C'est tout á fait ça! So ist es, genau so ist es! Wir werden uns der Gerolsteins entledigen, es wird bald keine mehr geben. Ich bin den Pariser Künstlern sehr dankbar dafür, daß sie der Welt zeigen, wie lächerlich sie waren.«

Bismarck wurde durch den Sieg über Frankreich der erste deutsche Reichskanzler. Schon 1867 im Jahr der Weltausstellung und drei Jahre vor dem von Preußen provozierten Krieg, war die französische Außenpolitik von Furcht vor dem preußischen Imperialismus geprägt und man hatte alles Interesse daran, Bismarck, den Repräsentanten des starken Nachbarn, mit Samthandschuhen anzufassen.

Offenbach schrieb viele Militärmärsche, immer sind sie ironisch, überzogen im Rhythmus und in der Instrumentierung; es ist Musik für eine Armee von Zinnsoldaten. Einer der ganz besonderen Fähigkeiten Offenbachs: Musik mit tödlicher Sicherheit neben dem Ernst zu plazieren und sie damit zur Denunziation zu benutzen.

Moltke dürfte sich geschüttelt haben, als er solche Militärmusik mit Bismarck gemeinsam in Paris hörte. Man kann alle Militärmärsche von Offenbach durchgehen, keiner verherrlicht den Soldatenstand, alle machen sich über ihn lustig - und das in einer Zeit, wo das Kriegerische hoch im Kurs stand, wo andere Komponisten Opern zur Verherrlichung des Soldatischen schrieben; selbst Meyerbeer tat das in seinem »Feldlager in Schlesien.« Bei den Militärmärschen Offenbachs kann man hören, wie pazifistisch er dachte, wie die Helden abgeschafft sind.

In der Umgebung Wagners war das anders. In seiner Begeisterung für den Krieg mit Frankreich und über den Sieg der preußischen Truppen über die Franzosen verfaßte er im Januar 1871 ein Gedicht »An das deutsche Heer vor Paris«, das von Beckmesser sein könnte, aber ernst gemeint war. Wagner ließ es Bismarck überreichen und bekam am 21. Februar 1871 die Antwort: »So sehr ich mich geehrt fühle, daß Sie dieses vaterländische Gedicht, wie mir gesagt wird, für mich allein bestimmen, so sehr würde ich mich freuen, es veröffentlicht zu sehen.« Wagner nahm es daraufhin in den neunten Band seiner Schriften auf. Damit war es nicht genug: anläßlich der Kaiserkrönung in Paris komponierte Richard Wagner einen »Kaisermarsch«, dessen »hohler Pomp ihn selbst widerlegte«, wie Gregor-Dellin rügte.[52] Er hatte damit auf mehr Unterstützung seiner Arbeiten durch den preußischen Hof gezielt und war enttäuscht, daß diese ausblieb, besonders nach einem Konzert, das er in Berlin in Anwesenheit des Kaiserpaares dirigiert hatte. Georg Herwegh schrieb Wagner dazu einige Reime:

»Viel Gande hat gefunden Dein Spiel
Beim gnädigen Landesvater;
Nur läßt ihm der Bau des Reichs nicht viel
Mehr übrig für Dein Theater.

Wärst Du der lumpigste General,
So würd' man belohnen Dich zeusisch;
Dreihundert Tälerchen preußisch.

Ertrage heroisch dies Mißgeschick
Und mache Dir klar, mein Bester,
Die einzig wahre Zukunftsmusik
Ist schließlich doch Krupps Orchester.«

Bad Ems

Stadt und berühmtes Bad an der Lahn in der Nähe von Wiesbaden. Mehr als 20 Natronthermen von 26-58°; gegründet von Kelten und Germanen, übernommen von den Römern, zunächst befestigtes Grenzkastell am Limes. Schon die Römer nutzten die Quellen. Aus dem Mittelalter gibt eine Belehrungsurkunde Kaiser Barbarossas Zeugnis von den Heilquellen, die im 14. Jahrhundert erstmals gefaßt wurden. Dr. Johann Dryander, der Leibarzt der Erzbischöfe von Mainz und Trier empfahl das Bad 1535 für zahlreiche innere und äußere Krankheiten. Im 19. Jahrhundert wurde Bad Ems zum bevorzugten Badeort der europäischen Aristokratie. Zaren, Könige und Kaiser kamen regelmäßig zur Kur. Die gekrönten Häupter waren im Kurhaus zu Gast, das Vier-Türme-Haus war der Treffpunkt des Hochadels.

Ab 1858 verbrachte Jacques Offenbach lange Zeit hindurch alljährlich viele Wochen in Bad Ems, um, wie er sagte, seinen Rheumatismus zu kurieren. Als er zu Beginn des Jahres 1858 mit seiner Truppe der Bouffes aus Lyon nach Paris zurückkehrte, hatte er das Städtchen an der Lahn entdeckt und Gefallen daran gefunden. – In Paris bedrängten ihn mehrere Gläubiger, die nach dem Gerichtsvollzieher riefen, denn er hatte bei der Neueinrichtung seines Theaters zuviel Geld ausgegeben. Er hätte sich entweder bei Freunden verstecken oder ins Ausland verreisen müssen. Da kam ihm eine Rheumatismuskur in Bad Ems sehr gelegen. 1858 arbeitete er dort an »Orphée aux Enfers«. Als er im Herbst nach Paris zurückkam, trug er die fertige Partitur bei sich. Aus dem Sommer 1864 gibt es das Programm eines Tages für Offenbach in Bad Ems:

6 Uhr 30: Offenbach entledigt sich seiner Trinkpflichten
9 Uhr: Er geht mit zwei Darstellern eine neue Bouffonnerie durch
10 Uhr: Er wohnt der Generalprobe einer anderen Operette bei
11 Uhr: Er ißt, weil es sein muß, zu Mittag
12 Uhr: Er probt eine andere Bouffonnerie
2 Uhr 30: Er empfängt den Besuch des französischen Botschafters in Berlin, Herrn v. Talleyrand, der ihn seiner Frau vorzustellen wünscht.
4 Uhr: Er entledigt sich seiner Badepflichten
5 Uhr: Er schreibt an seine Frau
6 Uhr: Er gönnt sich Zeit zu dinieren
7 Uhr 30: Er veranstaltet bei sich im Hotel eine Ensembleprobe der beiden neuen Bouffonnerien.

Trotz der Heilquellen hätte Offenbach kaum Bad Ems zu einem seiner Lieblingsorte auserkoren, wäre es nicht, genau wie Wiesbaden, Bad Homburg und Baden-Baden, ein Kurort von internationaler Geltung gewesen. Der unwahrscheinliche Zauber, den diese deutschen Bäder damals auf das Publikum aller Herren Länder ausübten, erklärte sich nicht zuletzt daraus, daß sie die einzigen europäischen Oasen des Glücksspiels waren und ein Kasino hatten. Offenbach war ein leidenschaftlicher Spieler, was ihn auch von Zeit zu Zeit in finanzielle Bedrängnis brachte.

Ein wichtiger Anziehungsgrund von Bad Ems war für Offenbach auch das internationale Publikum, das so weltstädtisch war wie in Paris und für das er im Lauf von fünf Jahren nicht weniger als sieben Operetten komponierte.[53]

Die Aufführungen dieser Stücke im Kursaal waren zum großen Teil so glanzvoll und mit rauschendem Applaus bedacht, daß Bad Ems fast als Dépendance der Bouffes angesehen wurde. Die kleine Stadt nutzt mittlerweile ihre Verbindung mit Jacques Offenbach, um internationales Publikum anzulocken. Im Jahr 1979 wurde dort anläßlich des bevorstehenden 100. Todestages (1880) die »Jacques-Offenbach-Gesellschaft e. V.« gegründet, die mit Aufführungen und Forschungen das Andenken Offenbachs pflegt.

Zur Entstehung der Operette »Lieschen und Fritzchen«, die er »Conversation alsacienne« nannte, gibt es eine Geschichte,

die nicht erfunden zu sein braucht. Besonderen Erfolg errang die auch heute noch umwerfend komische Bouffonnerie »Il Signor Fagotto«, in der Berlioz verspottet wird und von Tierstimmen bis zu rasselnden Kochtöpfen alle erdenklichen Geräusche gegen das Pathos falscher Erhabenheit mobilisiert werden. Nach der Premiere war Offenbach im Rausch des Erfolges und im Schimmer eines Fackelständchens in der rechten Verfassung für eine Wette: beim Galasouper fragte einer der Anwesenden, ob der Meister wohl in der Lage wäre, innerhalb von acht Tagen eine Operette nicht nur zu komponieren, sondern auch auf die Bühne zu stellen. Offenbach bejahte die Frage, fand unter den vielen Pariser Boulevardiers mit Leichtigkeit einen, der einen brauchbaren Text im Gepäck hatte und nach acht Tagen ging »Lieschen und Fritzchen« in Szene. Lautes Hallo erklang für den Komponisten, der aber vermutlich seine größte Beglückung darin fand, daß seine neue Flamme die Rolle Lieschens verkörperte. Es war die, wie immer betont wird, überaus charmante und begabte Sängerin Zulma Bouffar, die Offenbach bei einem Gastspiel entdeckt hatte. Mit ihr verband ihn neben der Begeisterung für ihre Sanges- und Darstellkunst die Tatsache, daß sie in Kinderjahren mehrfach in Köln aufgetreten war und das justament in der Kneipe, in der Offenbach als Kind Cello gespielt hatte.

Jacques Offenbach hielt sich auch zur Kur in Bad Ems auf, als das Städtchen in die internationalen Schlagzeilen geriet: die Animosität zwischen Preußen und Frankreich spitzte sich derart zu, daß ein von Bismarck durch berechnende Kürzungen verändertes Telegramm (die Erbfolge auf dem spanischen Thron betreffend) nach Frankreich ging und dort - wie gewollt - die nationalen Gefühle zum Sieden brachte, so sehr, daß Frankreich am 19. Juli 1870 Preußen den Krieg erklärte. Dieses Telegramm Bismarcks heißt seitdem die »Emser Depesche«. Bismarck war wie die übrige preußische Regierungsspitze oft in Bad Ems. Offenbach verließ bei Kriegsausbruch sofort den deutschen Boden, reiste zunächst zu seiner Familie nach Etretat, dann nach Spanien und Italien.

Auch Kaiser Wilhelm I. kam oft nach Bad Ems. Als er sich 1877 dort aufhielt, traf auch Wagner mit seiner Familie zu einer vierwöchigen Kur ein. Wagner dankte es dem deutschen Monarchen, daß er im Jahr zuvor zur Eröffnung der Bayreuther Festspiele gekommen war und ließ seinen achtjährigen Sohn Siegfried auf der Kurpromenade dem Kaiser einen Blumenstrauß überreichen. Bereits im nächsten Jahr 1878 äußerte Wagner in einem Brief an Ludwig II. sich sehr abfällig über das »neue« deutsche Reich:

»So schnell haben es sich allerdings wohl nur wenige gedacht, daß die Öde des preußischen Staatsgedankens uns als deutsche Reichsweisheit aufgedrängt werden solle.« Und einige Monate später ebenfalls an den bayerischen König: »Und so ekelt mich dieses neue Deutschland an! Das soll ein Kaiserreich sein? Ein ›Berlin‹ als Reichshauptstadt! Es ist ein reiner Spott von oben herab, der nun von unten herauf erwidert wird.« Fast gleichzeitig äußerte Wagner sich über Bismarck: »Was weiß denn so ein Junker von Deutschland? ... Er ist aus dem Volk und handelt aus dem Volksinstinkt, er kennt aber keine sinnende Sorge; macht die deutsche Einheit, weiß aber gar nicht, was das ist.«[54]

Nach den Festspielen 1876 schwand Wagners Hoffnung auf den deutschen Geist, dessen Qualität und Kraft.

Deutsch in den Augen Nietzsches

Friedrich Nietzsche (1844-1900), Sohn eines Pfarrers, 1869-79 Professor der klassischen Philologie in Basel, seit 1889 in geistiger Umnachtung; wurde 1861 im Alter von siebzehn Jahren mit dem Klavierauszug des »Tristan« vertraut, beschäftigte sich fünf Jahre später mit »Walküre«, »mit sehr gemischten Empfindungen«. Lernte 1868 den 31 Jahre älteren Wagner persönlich kennen und geriet völlig in seinen Bann. Sie stimmten zunächst in ihrer großen Verehrung für Schopenhauer überein und ebenso in der Hochschätzung des deutschen Wesens mit seinem »reinen kräftigen Kern«[55] und der Vision einer »Wiedergeburt Griechenlands aus der Erneuerung des deutschen Geistes.«[56] Nietzsche formulierte sein Verhältnis zu Wagner: »Ich kann mir gar nicht denken, wie man Wagner in allen Hauptsachen mehr Treue halten könne und tiefer ergeben sein könne, als ich es bin.« (1873).[57] Die Freundschaft hielt sechs Jahre. Viel später, nach Wagners Tod schrieb Nietzsche: »Es war hart, sehr hart, sechs Jahre lang jemandem Gegner sein zu müssen, den man so verehrt und geliebt hat, wie ich Wagner geliebt habe ...«[58]

Das letzte Zusammentreffen Wagners mit Nietzsche fand Ende Oktober 1876 in Sorrent statt. Nietzsche war 32 Jahre alt. Er äußerte sich danach nur noch abschätzig über Wagner. Dazu mögen seine persönliche Entwicklung, die Aktivitäten Wagners, vor allem die Gründung der Bayreuther Festspiele, ganz besonders aber die politischen Ereignisse von 1870/71 mit der deutschen Reichsgründung Anlaß gewesen sein. Das Ergebnis ist, daß die Wagnerverehrer wie auch die Wagnerhasser brillante Sätze von Nietzsche zitieren können.

Anläßlich der Reichsgründung meinte der Basler Professor: »Der deutsche Geist machte mit der Reichsbegründung seinen

Übergang zur Vermittelmäßigung.«[59] Oder noch härter: »Mit dem echten deutschen Geist befindet sich die Staatstendenz in Fehde.«[60] In »Der Fall Wagner« richtete Nietzsche einen Angriff auf die deutsche Nation, die »in geistigen Dingen immer träger und instinktärmer« und deshalb »Immer ehrlicher« werde.[61] Schließlich meinte er, es hindere ihn nichts daran, grob zu werden und den Deutschen ein paar harte Wahrheiten zu sagen: »Wer tut es sonst? ... Ich fühle es selbst als Pflicht, den Deutschen einmal zu sagen, was sie alles schon auf dem Gewissen haben. Alle großen Kultur-Verbrechen von vier Jahrhunderten haben sie auf dem Gewissen! ... Und immer aus dem gleichen Grunde, aus ihrer innerlichsten Feigheit vor der Realität, die auch die Feigheit vor der Wahrheit ist, aus ihrer bei ihnen Instinkt gewordenen Unwahrhaftigkeit, aus ›Idealismus‹ ... Die Deutschen haben Europa um die Ernte, um den Sinn der letzten großen Zeit, der Renaissance-Zeit, gebracht, in einem Augenblicke, wo eine höhere Ordnung der Werte, wo die vornehmen, die zum Leben jasagenden, die Zukunft verbürgenden Werte am Sitz der entgegengesetzten, der Niedergangs-Werte, zum Sieg gelangt waren - und bis in die Instinkte der dort Sitzenden hinein! Luther, dies Verhängnis von Mönch, hat die Kirche, und, was tausendmal schlimmer ist, das Christentum wiederhergestellt, im Augenblick, wo es unterlag ... Das Christentum, diese Religion gewordene Verneinung des Willens zum Leben! ...«[62]

Nietzsche wußte nur noch Abfälliges über den einst auch von ihm so hochgeachteten deutschen Geist zu sagen:

»Die Deutschen sind in die Geschichte der Erkenntnis mit lauter zweideutigen Namen eingeschrieben, sie haben immer nur ›unbewußte‹ Falschmünzer hervorgebracht (Fichte, Schelling, Schopenhauer, Hegel, Schleiermacher gebührt dies Wort so gut wie Kant und Leibniz; es sind alles bloße Schleiermacher).[63] Das, was in Deutschland ›tief‹ heißt, ist genau diese Instinkt-Unsauberkeit gegen sich, von der ich eben rede: man will über sich nicht im klaren sein.«[64]

1887 verurteilte Nietzsche dieses Deutschland, das nunmehr sechzehn Jahre alt war und das nach seinen Worten »igelmäßig in Waffen starrt«:

»Es repräsentiert die stupideste, verkommenste, verlogenste Form des ›deutschen Geistes‹, die es bisher gegeben hat, - und was hat dieser ›Geist' sich schon alles an Geistlosigkeit zugemutet! Ich vergebe es niemandem, der mit ihm seinen Kompromiß macht, heiße er selbst Richard Wagner ...«[65]

Nach der Kenntnis der deutschen Geschichte unseres Jahrhunderts muten einige Sätze Nietzsches prophetisch an: »Die Zukunft der deutschen Kultur ruht auf den Söhnen der preußischen Offiziere ... Die Deutschen meinen, daß die Kraft sich in Härte und Grausamkeit offenbaren müsse ...[66] Das tiefe eisige Mißtrauen, das der Deutsche erregt, sobald er zur Macht kommt.«[67]

Er empfand tiefe Abneigung gegen Wagners Antisemitismus: »Bei den Deutschen von heute herrscht bald die antifranzösische Dummheit, bald die antijüdische, bald die antipolnische, bald die christlich-romantische, bald die wagnerianische, bald die teutonische, bald die preußische.«[68]

Um auszudrücken, was er »gegen den letzten Wagner und seine ›Parsifal‹ - Musik« hat, griff Nietzsche zu einigen »kräftigen Reimen«, die Wagner als Apostel der Keuschheit denunzieren.

»- Ist das noch deutsch?
Aus deutschem Herzen kam dies schwüle Kreischen?
Und deutschen Leibs ist dies Sich-selbst-Zerfleischen?
Deutsch ist dies Priester-Hände-Spreizen,
Dies weihrauchdüftelnde Sinne-Reizen?
Und deutsch dies Stürzen, Stocken, Taumeln,
Dies zuckersüße Bimbambaumeln?
Dies Nonnen- Äugeln, Ave Glockenbimmeln,
Dies ganze falsch verzückte Himmel-Überhimmeln? ...
- Ist das noch deutsch?
Erwägt! Noch steht ihr an der Pforte ...
Denn was ihr hört, ist Rom - Roms Glaube ohne Worte!«[69]

TREUEGELÖBNISSE

In der »Götterdämmerung« legen es Gunther, Hagen und Gutrune darauf an, den gerade eingetroffenen Siegfried für ihre Ziele zu gewinnen: er soll Gutrune heiraten und für Gunther die Braut Brünnhilde aus dem Feuerkranz des Brünnhildensteins holen. Hagen hat es außerdem auf den Nibelungenring abgesehen. Nachdem Siegfried durch einen Trank von Gutrune seine Vergangenheit vergessen hat, ist er zu einem Treuegelöbnis bereit, zur Blutsbrüderschaft:

> »*(Hagen füllt ein Trinkhorn mit frischem Wein; Siegfried und Gunther ritzen sich mit ihren Schwertern die Arme und halten diese einen Augenblick über das Trinkhorn. Beide legen zwei Finger auf das Horn, welches Hagen fortwährend in ihrer Mitte hält.)*
>
> SIEGFRIED UND GUNTHER:
> »Blühenden Lebens
> Labendes Blut
> Träufelt ich in den Trank:
> Bruder-brünstig
> Mutig gemischt
> Blüh im Trank unser Blut!
> Treue trink ich dem Freund!
> Froh und frei
> Entblühe dem Bund
> Blutbrüderschaft heut!
> Bricht ein Bruder den Bund,
> Trügt den Treuen der Freund:
> Was in Tropfen hold
> Heute wir tranken,
> In Strahlen ström es dahin,

Fromme Sühne dem Freund!
So - biet ich den Bund:
So - trink' ich dir Treu'!
(Sie trinken nacheinander, jeder zur Hälfte; dann zerschlägt Hagen mit seinem Schwerte das Horn. Siegfried und Gunther reichen sich die Hände.)«

Unter dem Stichwort »Blutsbrüderschaft« spricht das Brockhaus-Lexikon von 1923 von »Blutaberglauben«, das Bertelsmann-Lexikon von 1953 bezeichnet das Blutsbrüderschaft-Trinken als bei »primitiven Kulturen üblich«.

In den »Banditen« von Offenbach gibt es ebenfalls eine Szene, wo Treue geschworen wird. Ein junger Mann, verliebt in die Tochter des Räuberchefs, hat die ihm auferlegte Aufnahmeprüfung bestanden: er hat im Gebirge einen Kabinettsboten entdeckt, ihn überwältigt und führt ihn nun beim Kragen gepackt, der illustren Gesellschaft der Räuber vor. Damit ist er würdig, als Mitglied anerkannt zu werden. Sie bereiten die Aufnahmefeierlichkeiten vor. Als Erstes, so befiehlt der Chef, soll reichlich Wein herbeigeschafft werden für das anschließende große Fest bei den Schwarzen Felsen. Der Neue muß einen Eid leisten. Die Hauptmannstochter soll ihn einweisen.

»FIORELLA: Versprichst du, es ist unwiderruflich,
dem Gesetz der Räuber zu folgen?
Der Beitritt gilt
für drei, sechs oder neuen Jahre.
FRAGOLETTO: Ich schwöre es.«

Dann wird er zu einer verschwörerisch tönenden Musik von Offenbach eingekleidet. Zuerst der Mantel, dann der Hut, schließlich der Dolch und der Karabiner.

»FIORELLA: Ach! Wie hübsch er ist,
wie gut sieht er aus.
FALSACAPPA (der Räuberhauptmann):
Schwöre, daß du
Mut hast. Verpflichte dich auf Ehre,
daß du, wenn's ans Teilen geht,
nicht alles für dich behalten willst.
Gibst du uns dein Wort?

Ja, wir haben es schon.«

Und dann folgen die Pflichten eines Räubers:

»Falsacappa: Stiehl, stiehl, plündere, stiehl,
stiehl, soviel du kannst.«

Alle wiederholen diesen Wahlspruch und bekräftigen ihn damit.

»Fragoletto: Nun gut! es ist ausgesprochen,
ich schwöre es.
Doch wenn ich mich, unter uns gesagt,
auf ein solch heikles Abenteuer einlasse,
dann ist es aus Liebe zu euch.
Falsacappa, und alle anderen:
Und nun werden wir schlemmen,
die alten Fässer anstechen ...
Wir wollen uns berauschen wie Narren ...
Fiorella: Helle Flamme,
sie erleuchtet des Banditen Unterschlupf.
Und der Orgie
wilde Schreie dringen durch die Nacht.«

An anderer Stelle gibt der Räuberhauptmann die Parole:

»Man muß stehlen entsprechend seiner Stellung in der Gesellschaft.«

Das spielte auf einen Finanzskandal der damaligen Zeit an und wurde sofort richtig verstanden. So gleicht die Szene bei Offenbach wegen ihrer unverblümten Benennung dessen, was von dem Neuen erwartet wird, eher der Einstellungsformalität in einer Firma oder einer Regierung als den Mystifikationen der Blutsbrüderschaft am Hof der Gibichungen am Rhein mit all ihren Intrigen. Tatsächlich ist diese Szene aus den »Banditen« auch keine Parodie auf Wagner, sondern auf Meyerbeer. In den »Hugenotten« gibt es die große und berühmte Szene der »Schwerterweihe«, die als Offenbachs Vorbild anzusehen ist. Dabei ist schwer zu entscheiden, ob das Original oder die Parodie genußvoller ist.

TRANK, TRUNK

Wenn sich in Wagners Dramen der Knoten allzusehr geschürzt hat, wird ein Trank gereicht. Dafür lassen sich leicht ein Dutzend Beispiele anführen. Im ersten Akt der »Walküre« tritt Siegmund in Hundings Haus:

> »*Er schreitet mit der äußersten Anstrengung eines Todmüden auf den Herd zu und wirft sich dort ermattet auf eine Decke von Bärenfell.*
> *Sieglinde gewahrt den fremden Mann.*
> SIEGMUND *(jäh das Haupt erhebend):*
> Ein Quell! ein Quell!
> SIEGLINDE: Erquickung schaff' ich.
> *(Sie nimmt schnell ein Trinkhorn, geht aus dem Hause und kommt mit dem gefüllten Horn zurück, das sie Siegmund reicht)*:
> Labung biet' ich dem lechzenden Gaumen:
> Wasser, wie du gewollt.«

Etwas später kehrt der Hausherr zurück und erkennt, daß sein Gast Siegmund derjenige ist, den er mit Mühe aber ohne ihn zu fangen verfolgt hat. Auch er will einen Trank haben. Zu Sieglinde:

> »Fort aus dem Saal!
> Säume hier nicht!
> Den Nachttrunk rüste mir drin.
> Und harre mein zur Ruh'.
> *(Sieglinde steht eine Weile unentschieden sinnend … Hunding treibt sie mit einem gebietenden Winke fort, worauf sie mit dem Trinkhorn und der Leuchte durch die Türe verschwindet.)*«

Als Siegmund allein geblieben und die Glut des Herdes verloschen ist, tritt Sieglinde in weißem Gewande heraus und wendet sich an Siegmund:

» ... höre mich an! In tiefem Schlaf liegt
Hunding; Ich würzt' ihm betäubenden Trank.
Nutze die Nacht dir zum Heil.«

Siegmund flieht jedoch nicht. Das Geschwisterpaar Siegmund und Sieglinde nutzt vielmehr die Nacht und Hundings festen Schlaf zur Liebe.

Auch in Walhall wird getrunken. Auf Befehl Wotans muß Brünnhilde Siegmund nach Walhall holen. Siegmund fragt: »Grüßt mich in Walhall froh eine Frau?«, wobei er an seine Schwester Sieglinde denkt. Brünnhilde antwortet: »Wunschmädchen walten dort hehr: Wotans Tochter reicht dir traulich den Trank.« Siegmund will daraufhin nicht mit nach Walhall.

Die Oper wird zur Mordgeschichte, wenn in »Siegfried« Mime einen Trank bereitet: Siegfried hat den Lindwurm erschlagen und kommt aus der Höhle, den Nibelungenschatz in der Hand. Mime zieht sein Fläschchen hervor und sagt zu Siegfried:

»MIME: Sieh, du bist müde
Von harter Müh';
Brünstig wohl brennt dir der Leib:
Dich zu erquicken.
Mit queckem Trank
Säumt' ich Sorgender nicht ...
Hier nimm und trinke dir Labung;
Mein Trank labte dich oft ...
SIEGFRIED: Einen guten Trank hätt' ich gern:
Wie hast du diesen gebraut?
MIME *(lustig scherzend, als schildere er ihm einen angenehm berauschten Zustand, den ihm der Saft bereiten sollte)*
Hei, so trink nur, Trau' meiner Kunst!
In Nacht und Nebel Sinken die Sinne dir bald;
Ohne Wach' und Wissen,
Stracks streckst du die Glieder.
Liegst du nun da,

Leicht könnt ich
Die Beute nehmen und bergen ...
Drum mit dem Schwert,
Das so scharf du schufst,
Hau ich dem Kind den Kopf erst ab ...
Wie käm ich sonst anders zur Beute,
Da Alberich auch nach ihr lugt? -
Nun, mein Wälsung!
Wolfssohn du!
Sauf und würg' dich zu tot:
Nie tust du Mehr 'nen Schluck.
(Er hat sich nahe an Siegfried herangemacht und reicht ihm jetzt mit widerlicher Zudringlichkeit ein Trinkhorn, in das er zuvor aus einem Gefäß das Getränk gegossen. Siegfried hat bereits das Schwert gefaßt und streckt jetzt, wie in einer Anwandlung heftigen Ekels, Mime mit einem Streiche tot zu Boden. - Man hört Alberich aus dem Geklüft heraus ein höhnisches Gelächter aufschlagen.)«

Mit Hilfe eines »Tranks« werden auch Überzeugungen verändert. Am Hof der Gibichungen am Rhein möchte Gutrune Siegfried, der schon mit Brünnhilde verbunden ist, zum Mann gewinnen. Hagen weiß Rat:

»HAGEN: Gedenk' des Trankes im Schrein; ...
Träte nun Siegfried ein,
Genöß' er des würzigen Tranks,
Daß vor dir ein Weib er ersah,
Daß je ein Weib ihm genaht,
Vergessen müßt' er des ganz.
(Als sich Siegfried, Gunther und Hagen unterhalten, kommt Gutrune aus ihrem Gemach. Sie trägt ein gefülltes Trinkhorn und naht damit Siegfried.)
GUTRUNE: Willkommen Gast in Gibichs Haus!
Seine Tochter reicht dir den Trank! ...
(Er trinkt in einem langen Zuge und reicht

das Horn Gutrune zurück, welche verschämt und verwirrt, ihre Augen vor ihm niederschlägt. Siegfried mit schnell entbrannter Leidenschaft den Blick auf sie heftend).«

Das Komplott ist erfolgreich: Siegfried bietet Gutrune die Ehe an.

Siegfried stirbt durch einen Trank von Hagen: er kommt von der Jagd und trifft Gunther und Hagen.

»SIEGFRIED: Mich dürstet.
Hagen läßt ihm ein Trinkhorn füllen und träufelt den Saft eines Krautes hinein.
HAGEN: Trink erst, Held,
Aus meinem Horn:
Ich würzte dir holden Trank ...
(Siegfried trinkt und erzählt seine Verbindung mit Brünnhilde, die Gunthers Frau ist. Als Siegfried sich aufrichtet, um zwei Raben - Boten von Wotan - nachzuschauen, stößt Hagen ihm den Speer in den Rücken ... Siegfried sinkt zurück und stirbt.)«

Den berühmtesten Trank auf seiner Bühne läßt Wagner nicht in einem Trinkhorn kredenzen:

»*(Auf Isoldes ungeduldigen Wink reicht Brangäne ihr die gefüllte Trinkschale ... Isolde mit dem Becher zu Tristan tretend, der ihr starr in die Augen blickt ... Tristan wild auffahrend):*
Los den Anker!
Das Steuer dem Strom!
Den Winden Segel und Mast!
(Er entreißt Isolde ungestüm die Trinkschale)
Vergessens güt'ger Trank,
Dich trink' ich sonder Wank.
(Er setzt an und trinkt)
ISOLDE: Betrug auch hier?
Mein die Hälfte!
(Sie entwindet ihm den Becher)
Verräter, ich trink sie dir!
(Sie trinkt. Dann wirft sie die Schale fort. -

Beide, von Schauer erfaßt, blicken sich mit höchster Aufregung, doch mit starrer Haltung, unverwandt in die Augen, in deren Ausdruck der Todestrotz bald der Liebesglut weicht. - Zittern ergreift sie. Sie fassen sich krampfhaft an das Herz, - und führen die Hand wieder an die Stirn. - Dann suchen sie sich wieder mit dem Blicke, senken ihn verwirrt, und heften ihn von neuem mit steigender Sehnsucht aufeinander.)

ISOLDE *(mit bebender Stimme)*: Tristan!

TRISTAN *(überströmend)*: Isolde!«

Das Musikdrama »Tristan und Isolde« würde ohne den Trank nicht existieren, die Trinkschale ist das wichtigste Mitglied des Ensembles. Ein noch weihevolleres Gefäß gibt es als Zentrum des »Parsifal«:

»(Titurels Stimme): Enthüllet den Gral!

(Die Knaben nehmen die Decke vom goldenen Schrein; entnehmen ihm den »Gral« - eine antike Kristallschale - von welchem sie ebenfalls eine Verhüllung abnehmen ...)

KNABEN *(aus der Kuppel)*:

Nehmet hin meinen Leib,
Nehmet hin mein Blut
Um unserer Liebe willen!

(Ein blendender Lichtstrahl dringt von oben auf die Schale herab, diese erglüht immer stärker in leuchtender Purpurfarbe. Amfortas, mit verklärter Miene, erhebt den »Gral« hoch und schwenkt ihn sanft nach allen Seiten hin, worauf er damit Brot und Wein segnet. Alles ist bereits bei dem Eintritte der Dämmerung auf die Knie gesunken, und erhebt jetzt die Blicke andächtig zum »Grale«.)

Aus der Kuppel schwebt eine weiße Taube herab. Der Inhalt des Grals wird nicht getrunken, es ist kein »Trank«, es ist Blut.«

Doch da ist noch Kundry: sie sinkt entseelt zu Parsifals

Füßen. Sie ist es, die in Wagners Tradition mit Fläschchen und Säftchen umgegangen war. Es ist, wie sie sagt, Balsam aus Arabien, den sie zur Rettung von Amfortas in einem Kristallgefäß aufbewahrt. Nachher zieht sie ein »goldenes Fläschchen« aus dem Busen und salbt damit Parsifal die Füße und das Haupt. Parsifal empfiehlt ihr: »Die Taufe nimm / Und glaub an den Erlöser.« Kundry weint. So vielfältig sind die Geheimnisse der Säfte bei Wagner. - Bei Offenbach gibt es von alldem überhaupt nichts, auch nicht als Parodie.

BESÄUFNIS

Im Paris des Zweiten Kaiserreichs - gleichzeitig mit Wagner, aber mehrere hundert Kilometer entfernt - und mit der Bacchus-Verehrung des Kölschen Karnevals im Gemüt, schreiben Offenbach und Halévy regelrechte Sauforgien, mit Alkohol, ohne Zweifel. Soweit man sich auf Gott Bacchus bezog, ging es natürlich um Wein. Ein Gedicht um 1820 hieß »Das Winzerfest oder die Huldigung des Bacchus«, ein »Faßbinderlied«, also das Lied eines Handwerkerzunft:

»Gott Bachus ist unser Karnevalsheld,
Der jährlichen Mühe zum Lohne
Stieg er vom Olympus herab auf die Welt
Und wählet das Faß sich zum Throne ...
In Thrazien Bachus hat Weiber erwählt,
Die Häupter mit Epheu umstrickt,
Die ihm auf den Zügen sich zugesellt,
Mit Stäben von Thyrsus geschmückt.
Mit Cimbaln, mit Pauken und Zithern
Beleben sie alle Gemüter
Und rufen beständig: Juchhe!
Gott Bachus Evohë!«

In seiner Büttenrede von 1830 enthüllt ein gewisser Stoll die »Elementa mythologiae Coloniensis« und verkündet, daß Bacchus in Köln Wein trinken gelernt habe und sich nachher nur damit aufspielte, daß er der Erfinder gewesen sei. Und die Kölner trinken - nach Stoll - ihren Wein weder aus Trinkhörnern, noch aus Schalen und bewahren die rote Flüssigkeit auch nicht in einem Gral auf: sie trinken aus Gläsern, am liebsten aus »Römern«. Auch die Götter trinken bei Offenbach und steigern sich mit Wein in den »Galop infernal«, den Höllengalopp. Das Vierte Bild von »Orpheus in der Unterwelt«:

»(Die Hölle. Im Hintergrund der Styx. - Alle Götter, außer Juno. Eurydike im Kostüm einer Bacchantin. - Beim Aufziehen des Vorhanges sind alle Götter des Olymps und der Hölle um einen Tisch versammelt; sie sind mit Blumen bekränzt und trinken.)
ALLE: Gott Pluto lebe hoch,
Es lebe Pluto und sein Wein!
Ein Schelm nur stimmt nicht mit uns ein!
Das Göttervolk von oben
Muß dieses Weinchen loben.
Die Gläser aufgehoben!
Dank dem freundlichen Wirt!
Ja, der versteht zu leben
Und so ein Fest zu geben,
Bloß dahin geht sein Streben,
Daß man sich amüsiert. Stoßt an!
Gott Pluto lebe hoch (usw.)
JUPITER ZU EURYDIKE:
Wohlan reizende Bacchantin!
Die kühn sich mit der Venus messen kann;
Stimm mit deiner süßen Kehle
Die Hymne jetzt auf Bacchus an! ...
EURYDIKE *(die erste Strophe, das Glas in der Hand)*: Ich sah Gott Bacchus einst auf dem Weinfasse thronen,
Er gab da seinen Treuen die heiterste Lehr';
... Evoë! Dein heilig Feuer, Evoë, erglüht in mir! Evoë!
Dir will ich dienen! Evoë! Heil Bacchus, dir! ...
Die Sterblichen, sprach er, laßt mit Sorgen sich quälen,
Mit düsterm Gram, der sie jeder Freude beraubt.
Ihr mögt der Rebe Saft und die Rosen erwählen,
Zu bekränzen das Haupt!
... Evoë! Dein heiliges Feuer (usw.)
Menuett, höllischer Galopp und Chor.«[70]

Die Geschichte läuft ab, wie man sie kennt. Orpheus darf die Unterwelt verlassen und Eurydike mitnehmen - wozu er übrigens bei Offenbach überhaupt keine Lust hat - wenn er sich nicht ein einziges Mal nach ihr umsieht. Er hält das lange durch; da stört Jupiter - der Euridyke gern auf dem Olymp halten möchte - mit einem kräftigen elektrischen Schlag, der über Orpheus hinwegfliegt. Dieser wendet sich erschrocken um.

»Die Öffentliche Meinung: Wehe dir! Du hast zurückgesehen!
Orpheus: Weiß selber nicht, wie mir geschehen! *(Er ist zur öffentlichen Meinung in die Barke gestiegen und fährt mit ihr ab. Eurydike kehrt wieder in die Gesellschaft zurück).*
Jupitter zu Eurydike: ... eine Bacchantin mach ich jetzt aus dir.
Eurydike: Ha! Ha! Bacchus, da von der Erde
Ich verwiesen werde,
Will ich mich allein
Für immer deinen Diensten weihn.
Gern flieh ich den Gatten,
Willst du mir gestatten,
Deine treue Priesterin zu sein!
(Bacchus erscheint auf einem mit Weinlaub geschmückten Throne, der von vier Faunen getragen wird. Eurydike steigt bis zu ihm hinauf auf den Armen der Götter, die sich ihm entgegendrängen.)«

Kein Zweifel, die Bewohner des Olymps wie auch die der Hölle trinken Wein - nicht alle: da ist noch Hans Styx. Er heißt nach einem Fluß in Nordarkadien, der wegen seines teilweise unterirdischen Laufs in der griechischen Mythologie mit dem Unterweltfluß in Verbindung gebracht wurde, über den die Seelen der Verstorbenen übergesetzt wurden, sie verloren dabei ihre Erinnerung an die Welt. Bei Offenbach und seinen Textern erscheint Hans Styx als ehemaliger »Prinz von Arkadien«.

»Ich trinke beständig Lethe,
um meine derzeit höchst

bedauernswerte Lage zu vergessen ...
Erinnere ich mich,
daß ich einst vierspännig fuhr -
so nehm ich einen Schluck Lethe;
fällt mir ein, daß ich einst auf weichen Polstern ruhte
und durch einen Wink ein Dutzend Bediente in Bewegung setzte -
so trink ich einen halben Schoppen Lethe;
drängt sich mir die Erinnerung an irgendein früher erlebtes Glück, an eine früher empfundene Freude auf -
so trink ich Lethe, Lethe, Lethe. -
Schade nur, daß dieses
köstliche Getränk so schnell verdunstet
und daß man so oft davon nachgießen muß,
um sich das Gedächtnis zu vetreiben. -
Freilich vergeß ich auch zuweilen einen Befehl meines Herrn
und muß dann zur Strafe
zwei Flaschen Magenbitter verschlucken ...«

Dies ist ein enger Berührungspunkt zu Wagner, deshalb reizt diese Szene um so mehr zum Lachen: auch Siegfried soll vergessen und erhält deshalb einen »Trank« von Gutrune.

Auch in der »Schönen Helena« gibt es eine alkoholisierte Szene: Als König Menelaos, der Ehemann von Helena, nach Kreta geschickt worden ist und sie die Zeit zum zärtlichen Zusammensein mit Paris nutzt - was alle anderen Könige wissen und akzeptieren - kehrt Menelaos plötzlich und unerwartet nach Hause zurück und trifft seine junge Frau Helena, die weltbekannte Schönheit, beim zärtlichen Tête à tête mit Paris, dem Gast aus Troja. Er ruft von nebenan die Könige zu Hilfe. Diese sind aber längst vom Wein beschwipst, nehmen jedoch gern Gelegenheit, Entrüstung zu spielen: »Ein Rendez-vous!!« Offenbach setzt mit grandioser Komik hier ein Element aus der Synagoge ein: jeder der Könige ahmt ein Musikinstrument nach, sie setzen nacheinander ein und fügen sich endlich zu einem

Orchester - mit ihren Stimmen auf den Ausruf: Ein Rendez-vous!

In den »Banditen« wird ein großes Fest mit viel Wein arrangiert bei der Aufnahme eines neuen Banditen in den erlauchten Kreis. Später, wenn die Banditen ein Hotel auf der Grenze von Frankreich zu Spanien besetzt haben und bewirtschaften, kleben sie andere Etiketten auf die Weinflaschen und fügen ein paar Spinnweben hinzu, um aus dem »gewöhnlichen« einen »außergewöhnlichen« Wein zu machen. Und wenn schließlich die »Carabiniers« aufmarschieren, sind sie keine Gefahr mehr, denn sie sind betrunken - man hatte sie in den Keller gesperrt - den Weinkeller.

In einem Stück stellt Offenbach eine ganz besondere und komplette Besäufnis auf die Bühne, in dem »Pariser Leben«. Im Finale des 3. Aktes wird getrunken, bis sich alles dreht, bis jeder fühlt, eingesteht und auch bei den anderen Teilnehmern der Gesellschaft konstatiert: »Ich bin blau. Er ist blau ...« Übrigens trinken alle zusammen, die Domestiken und die Herrschaften. Das ist eins der grandiosesten Musikstücke, das Offenbach geglückt ist. Von hier aus gibt es überhaupt keine Brücke zu Wagner, viel eher zu Johann Strauß und zu Rossini.

In der letzten Oper von Offenbach, in »Hoffmanns Erzählungen«, spielen der Prolog und der Schluß in dem berühmten Weinkeller von Luther in Berlin. Weil auch Studenten mit von der Partie sind, geht es dann nicht nur um Wein, sondern auch um Bier:

> »*(Das Innere einer deutschen Schankstube neben dem Theater. Im Hintergrund rechts führt eine große Tür auf die Straße. Links ein Fenster mit Butzenscheiben. In der Mitte eine große Vertiefung, in der kleine Weinfässer symmetrisch um ein gewaltiges Faß herum angeordnet sind. Auf diesem steht eine kleine Bacchusfigur, die eine Banderole mit folgender Inschrift trägt: ›Zum Nürnberger Faß.‹ Über den Fässern sind Flaschen in allen möglichen Formen halbkreisförmig aufgeschichtet und*

angeordnet. Vor dem großen Faß eine kleine Theke ... Tische und Bänke hier und da.)

Chor der unsichtbaren Geister:

Glu, glu, glu, glu, ich bin das Bier!
Glu, glu, glu, glu, ich bin der Wein!
Mein Schaum läßt das Glas zu Silber werden!
Ah!
Ich vergolde es mit göttlichem Labsal! Ah!

(Einige Geister kommen aus den Fässern und tanzen.)

Glu, glu, glu, wir sind
die Freunde der Menschen;
wir vertreiben Kummer und Sorgen.
Glu, glu! Ah!

(Die Geister verschwinden. Der Raum wird von Öllampen erhellt, die an der Wand aufgehängt sind.)«

Im »Epilog in Luthers Weinkeller« deklamiert Hoffmann seine Bekenntnis zum Alkohol.

»Hoffmann: Ach! Ich bin verrückt! Versinken wir im göttlichen Taumel
der Geister des Alkohols, des Bieres
und des Weines! Geben wir uns der Seligkeit und dem Rausch hin!
Dem Nichts, das alles vergessen läßt! ...
(Heftig auffahrend, mit den Studenten gemeinsam)
Zünden wir den Punsch an!
Besaufen wir uns!
Und die Betrunkensten sollen unter den Tisch rollen!..

Chor der unsichtbaren Geister:

Man ist groß durch die Liebe und größer durch die Tränen.

(Hoffmann fällt völlig betrunken auf einen Tisch.)«

Ende der Oper.

Helden, Götter, Könige

Wotan, der Göttervater, sagt zu Alberich, dem Zwergen: »Helden nur können mir frommen.« Das gilt offenbar auch umgekehrt: den Helden frommen nur Götter. Von der Walstatt, wo sie sich mit Ruhm bedeckt haben, werden sie bei Wagner nach Walhall geholt.

»Brünnhilde zu Siegmund: Zu Walvater,
Der dich
gewählt, Führ ich dich: Nach Walhall folgst
du mir.
Siegmund: In Walhalls Saal Walvater find ich
allein?
Brünnhilde:
Gefallener Helden
Hehre Schar
Umfängt dich hold
Mit hoch-heiligem Gruß.
Siegmund: Fänd ich in Walhall
Wälse, den eigenen Vater?
Brünnhilde: Den Vater findet
Der Wälsung dort.
Siegmund stellt die schwierige Frage:
Grüßt mich in Walhall
Froh eine Frau?
Brünnhilde: Wunschmädchen
Walten dort hehr:
Wotans Tochter
Reicht dir traulich den Trank.«

Helden sind in der Wagnerschen Welt also anscheinend nur Männer. Die Mädchen, die Wunschmädchen, rangieren als Bedienung. Was die Helden und die Götter in Walhall treiben, läßt sich aus dem Schlußbild der »Götterdämmerung« erahnen: sie sitzen zusammen, den Hochsitz nimmt Wotan »heilig« ein, die Walküren liegen, seine Knie umwindend, wenn sie nicht den Helden den Trank reichen. So werden die Helden mit den Göttern gemeinsam ein Raub der Flammen beim Weltuntergang zum Schluß der »Götterdämmerung«.

In Wagners Dichtungen sind Helden immer tapfer, im »Tannhäuser« auch »deutsch und weise«. Sie reden sich gegenseitig mit dem Titel »Held« an.

> »GUNTHER: Nun hör, Hagen! Sage mir, Held:
> Sitz' ich
> herrlich am Rhein, Gunther, zu Gibichs
> Ruhm?«

Sie sprechen von sich als »Helden«: Gunther, Hagen und Gutrune warten sehnlich auf den ihnen noch unbekannten Siegfried.

> *»(Hagen ist an das Rheinufer gegangen, späht*
> *den Fluß hinab)*
> HAGEN: In einem Nachen Held und Roß:
> Der bläst so
> munter das Horn.
> GUNTHER: Begrüße froh, o Held, Die Halle
> meines Vaters ...«

In der Todesszene Siegfrieds reden die »Helden« ganz unter sich:

> »GUNTHER zu SIEGFRIED: Du überfroher
> Held
> HAGEN: So singe, Held! und kurz darauf:
> Trink' erst,
> Held, Aus meinem Horn ...«

In »Parsifal« wird nur der todesnahe Titurel »Held« genannt.

> »AMFORTAS: Mein Vater! Hochgesegneter der
> Helden! Du
> Reinster, dem einst die Engel sich neigten ...«

Solche Sätze könnten auch auf Offenbach-Halévys Bühne erklingen, jedoch als reine Parodie. Die beiden formten ihre Bühnengestalten aus der Gegenwart in Paris, da gab es keine »Helden« Wagnerschen Stils, eher das Gegenteil, nämlich korrupte Minister, feige Politiker, den eitlen und grausamen

Kaiser und die passende Kaiserin. Das wäre die Gesellschaftsschicht der »Helden« Wagners. Und selbst die Könige der Ilias des Homer, Agamemnon, Menelaos, die Zwillinge Ajax und schließlich Achill, die von Homer und den nachfolgenden Bearbeitern als »Helden« dargestellt wurden, sind bei Offenbach-Halévy sehr schlappe Gestalten mit ganz privaten Molesten. Dabei ist die Behinderung des Achilles durch seine verwundete Ferse das Wenigste. Oder Orpheus, einer der plakativen »Titelhelden« der Literatur und der Oper, ist kein »Held«: er hintergeht seine Frau (sie ihn ebenfalls), ist ein eitler Violinprofessor mit Solistenehrgeiz und richtet sein ganzes Tun nach der »öffentlichen Meinung«. Und erst die Götter: Jupiter, der Götterfürst und Weltenlenker, hat nichts anderes im Kopf als süße Frauen, Pluto, der Herrscher der Unterwelt ebenfalls, und Juno, Jupiters Gemahlin, ist die schlimmste Zicke, die man erfinden kann.

Die Bilanz bei Offenbach und Halévy: die Helden sind abgeschafft. Dabei hatten Helden-Darstellungen um 1860 auch unabhängig von Wagner geradezu Hochkonjunktur. Hector Berlioz zum Beispiel, der Offenbach sehr hoch schätzte und ihm mit Empfehlungen geholfen hatte, komponierte in diesen Jahren über den gleichen Stoff, den Trojanischen Krieg, eine Grand Opéra in fünf Akten ohne die geringste Ironie, ohne den leisesten Zweifel an Wert und Geltung dieser Sorte Heldentum.

Der Erfolg Wagners zeigt bis heute, daß er sein Publikum kannte: was er an »Helden« auf die Bühne stellte, waren Gestalten, mit denen die Zuschauer der Gründerzeit - besonders die Herren - sich gern identifizierten. Wer von den Politik-, Wirtschafts- und Industriebossen hätte sich nicht in Wotan wiedererkannt und glorifiziert gefühlt (über das bißchen Dreck, das der Götterfürst am Stecken hat, drückte man ein Auge zu). Bei Wagner haben Helden nicht ausgedient, Wagner schafft Helden. Das sichert ihm auch heute noch vielerorts Sympathie.

Auch Offenbach wandte sich an das Publikum, aber mit entgegengesetzter Absicht: er wollte den Herrschaften im Parterre nicht dazu verhelfen, daß sie sich aufplustern konnten, sondern er hielt ihnen den Spiegel vor; wenn sie wollten, konnten sie auf seiner Bühne Eigennutz, Korruption, dumme Eitelkeit und die ganze leere Großartigkeit von Heldentum erkennen. Bei guten heutigen Inszenierungen behält das seine Aktualität.

Offenbachs Spott auf das Heldentum ist leicht aus seiner kölschen Herkunft zu erklären. Nicht nur die Obrigkeit wurde auf die Schippe genommen, auch das Militär, das bis heute in Gestalt der Roten und Blauen Funken fester Bestandteil des Karnevals ist. In Frankreich machte man sich im Zweiten Kaiserreich ebenfalls über das Militär lustig, es erwies sich dann auch beim Angriff der preußischen Armee 1870 als schwerfällig, veraltet und deshalb unterlegen.

Es gab darüber hinaus eine jüdische Wurzel für Offenbachs Zweifel am Wert des Heldentums. Isaac Offenbach, der Vater von Jacques, hatte in seinem »Allgemeinen Gebetbuch für die israelitische Jugend« das Gebet veröffentlicht:

»Denn alle Helden sind
Vor Dir ein Nichts, und Männer,
Die hochgeehrt sich finden,
Vor Dir in Nichts verschwinden. -
Es dünkt der Mensch sich wichtig -
Was ist wie's Tier er mehr?«

Das war eine andere geistige Heimat, als das von Unterlegenheitsgefühlen hochgespeitschte deutsche Nationaldenken mit dem Hang zum Heldischen.

FRAUEN

Beim »Sängerkrieg auf der Wartburg« läßt Wagner den Ritter und Sänger Wolfram von Eschenbach bei der Begrüßung der Gäste in Elisabeths Halle nicht nur die »Helden« preisen, sondern auch die Damen und nennt dabei die Kennzeichen für ihre außergewöhnliche Qualität:

> »Und hold und tugendsam erblick ich Frauen,
> Lieblicher Blüten düftereichster Kranz.
> Es wird der Blick wohl trunken mir vom Schauen,
> Mein Lied verstummt vor solcher Anmut Glanz.«

Im Lauf von Wagners Leben ändert sich an diesem Muster nicht viel: Frauen müssen tugendsam, anmutig und blütengleich sein, sie müssen sich für die Männer, von denen sie geliebt werden wollen, opfern - was Elisabeth, Senta, Sieglinde, Isolde tun, auch Brünnhilde und Gutrune bekommen nie das Steuer in die Hand. Sie sind Material in den Aktionen der Männer - der Helden. Der Typ von Frau, den Wagner in diesen Gestalten zeichnet, entspringt seinem eigenen Verhältnis zum weiblichen Geschlecht, das von der Beziehung zu seiner Mutter bestimmt worden ist. Er fühlte sich immer vernachlässigt, weil er schon wenige Monate nach seiner Geburt von ihr weggegeben, und, wie er sich entsann, »kaum je von ihr geliebkost« wurde, wie es denn überhaupt in der Familie Wagner nicht besonders zärtlich zuging. Richard sehnte sich zeitlebens nach »den Tränen eines Weibes« (nicht dem strahlenden Lachen!): »Mir fehlt ein weibliches Wesen, das sich entschlösse, trotz allem und jedem mir das zu sein, was unter so jämmerlichen Umständen ein Weib mir sein kann und muß, sage ich, wenn ich ferner gedeihen soll«, schrieb er am 4. Januar 1863 an Mathilde Maier, die aber nicht auf seine Werbung einging. Nietzsche erinnerte sich: »Wagner hat über nichts so tief wie über die Erlösung nachgedacht. Irgendwer will bei ihm immer erlöst sein: bald ein Männlein, bald ein Fräulein - das ist sein Problem.«[71]

Die Mutter wird im Notfall angerufen: Wenn Siegfried die schlafende Brünnhilde von ihrem Panzer befreit hat und erkennt, daß das kein Mann ist, ergreift ihn »feurige Angst« und er ruft: »Wen ruf ich zum Heil, daß er mir helfe? Mutter! Mutter! Gedenke mein.« Und wenn Siegfried darüber nachdenkt, wie seine Mutter, die bei seiner Geburt gestorben ist, aussieht, so suchte Wagner das Bild seiner eigenen Mutter.

»Aber - wie sah
Meine Mutter wohl aus?
Das - kann ich
Nun gar nicht mir denken
Der Rehhindin gleich
Glänzten gewiß
Ihr hell schimmernden Augen,
Nur noch viel schöner!-«

Wie Cosima notierte, hatte Wagner bis in seine letzten Jahre Verlustträume. Offenbar haben weder das von ihm so geliebte Familienleben, noch Cosima, noch die Möglichkeit, alle Probleme in Dramenhandlungen und Kompositionen abzuarbeiten, ihn von diesen Schädigungen seiner frühen Kindheit befreien können. – Für ihn sollten Frauen so sein wie Elisabeth, wofür sich auch Evchen aus den »Meistersingern« einsetzen ließe. Er richtete Ermahnungen an die Damenwelt von 1870, selbst wenn er über Beethoven schrieb: »Während die deutschen Waffen siegreich nach dem Zentrum der französischen Zivilisation vordringen, regt sich bei uns plötzlich das Schamgefühl über unsere Abhängigkeit von dieser Zivilisation und tritt als Aufforderung zur Ablegung der Pariser Modetrachten vor die Öffentlichkeit ... man könnte erwarten, das Blut unserer Söhne, Brüder und Gatten, für den erhabensten Gedanken des deutschen Geistes auf den mörderischsten Schlachtfeldern der Geschichte vergossen, müßte unsern Töchtern, Schwestern und Frauen wenigstens die

Wange mit Scham röten, und plötzlich müßte eine edelste Not ihnen den Stolz erwecken, ihren Männern nicht mehr als Karikaturen der lächerlichsten Art sich vorzustellen ... die an sie gerichteten Aufforderungen, sich eine neue Tracht zuzulegen ... aber nicht nach den ›Launen des Pariser Geschmacks, der uns die Gesetze der Mode diktiert‹.«

Mit solcher Deutsch-Begeisterung stand Wagner nicht allein. Robert Schumann, der schon mit der Feststellung, daß doch natürlicherweise die Männer über den Frauen stünden, Claras Unzufriedenheit zu beschwichtigen versucht hatte, schrieb angesichts von Meyerbeers »Hugenotten« bereits 1842: »Dieser Held, der so elend zusammensinkt, ein französischer Wüstling ... und diese Königin endlich, die Königin all dieser Puppen! Und dies läßt man sich alles gefallen, weil es hübsch in die Augen fällt und von Paris kömmt, - und ihr deutschen sittsamen Mädchen haltet euch nicht die Augen zu.«[72] Zu ähnlich abfälligem Urteil ließ sich Hugo Wolf hinreißen, nachdem er Wagners Verehrer geworden war.

Diese »deutschen Mädchen« verfielen damals wie viele Frauen oft in Melancholie, weil sie wegen all der Sittsamkeit immer weniger Freiheit hatten und deshalb immer weniger am Leben teilnahmen.

Im Jahr vor seinem Tod beschäftigte Wagner die Frage der Emanzipation der Frau in der Liebe. Schon am 27. März 1882 hatte er in sein Braunes Buch geschrieben: »Solange uns für die Beurteilung natürlicher und menschlicher Dinge die Geteiltheit des Geschlechts in ihrer verschiedenen Wirksamkeit einzig erkennbar wird, steht die Gattung noch dem Ideale fern. Auch eine Kultur und eine Kunst können nur vollkommen sein, wenn sie ein Ergebnis der Tat jener Aufhebung der Geteiltheit des Männlichen und Weiblichen wären.« - Selbst bei solchen Gedanken war im Welt- und Kunstbild Wagners der Typ einer Femme fatale nicht möglich. Es gibt keine Elektra, keine Salome, keine Medea, nicht einmal eine Violetta. Die beiden Gestalten Ortrud in »Lohengrin« und Kundry in »Parsifal« sind zwar nicht als anmutsvolle, holde und tugendsame Frauen konzipiert, deshalb vielleicht in vielen Passagen besonders interessant,

sie gehören aber auch von Anfang an zu den Verliererinnen.

Bei Offenbach und Halévy brauchten die Frauen sich keine Sorge um ihre Gleichberechtigung zu den Männern zu machen. Die beiden Autoren dürften nicht solche persönlichen biographischen Probleme gehabt haben wie Wagner. Die Atmosphäre zwischen den Geschlechtern ist entspannt; es gibt unter den Männern wie auch unter den Frauen patente Gestalten, mit denen man Pferde stehlen könnte - auch mit den Räubern - und es gibt Luder. Helena, die ihren Mann nach Kreta schickt, weil sie sich ungestört mit dem Hausgast Paris amüsieren möchte, Eurydike, die lieber als Bacchantin in der lustigen Hölle bleibt als in die geregelte Position der Gattin eines Violinprofessors zurückzukehren, sind eigentlich Femmes fatales. Die Autoren, Offenbach und die Texter hatten sie gern, denn sie zeichneten sie ohne Verurteilung, auch als Zuschauer hat man sie gern. Das war eine gänzlich andere Moral als die Wagners und Schumanns, sittsame Mädchen müßten sich sehr oft die Augen zuhalten.

LIEBE DAMALS

Nachdem schon im 18. Jahrhundert unter dem Einfluß der Aufklärung die Befreiung der Liebe von den Fesseln der Ursünde und der Religion angestrebt worden war, begann man im 19. Jahrhundert die Oberhoheit der Liebe über die Gesellschaft zu proklamieren. Nach Percy Bysshe Shelley (1792 - 1822) sollte keine Ehe mehr geschlossen werden, die nicht auf Liebe beruhte und »Mann und Frau sollten nur solange verbunden sein, wie sie einander lieben: jedes Gesetz, das sie auch nur für einen Augenblick zum Zusammenleben zwingt, nachdem ihre Zuneigung erloschen ist, wäre völlig unerträgliche Tyrannei und unwürdige Duldsamkeit.«[73]

Arthur Schopenhauer brachte in die Geschichte der Liebe den neuen Gedanken, daß der Geliebte einzigartig sein müsse: »Da es nicht zwei ganz gleiche Individuen gibt, muß jedem bestimmten Mann ein bestimmtes Weib am vollkommensten entsprechen.« Das war ein Gedanke, der von einer Zeit, in der Individualität hoch geschätzt war, sehr befürwortet wurde. Damit finden viele Turbulenzen in Liebesbeziehungen ihre Erklärung und ihre unerschöpfliche Problemfülle. Schopenhauer sagt auch, warum es so wichtig ist, den richtigen und einzigen Geliebten zu finden: »Das nämlich, was dadurch entschieden wird, ist nichts Geringeres als die Zusammensetzung der nächsten Generation.« Für Schopenhauer war Liebe eindeutig mit Sexualität verbunden. Dieser Gedanke tauchte auf christlichem Boden damals wieder neu auf und wirkte umstürzlerisch.[74]

In der frühromantischen deutschen Dichtung kam bei Platen, Novalis und Schlegel dazu, daß Liebe mit Nacht, Tod, Tränen und Erlösung untrennbar verbunden sei. Einige Jahrzehnte später, bei Wagner sind es »die Tränen einer Frau«,

die Erlösung bringen. Er sprach zu Mathilde Wesendonck, seiner zeitweilig als real angesehenen Isolde von der »Beruhigung des Willens durch die Liebe«, und zwar durch die »aus dem Grunde der Geschlechtsliebe, d.h. der Neigung zwischen Mann und Weib keimenden Liebe«.

In dieser Bedeutung bewahrt Liebe vor dem Weltschmerz und dem Pessimismus, gleichgültig ob sie glücklich oder unglücklich, erfüllt oder unerfüllt ist. Der Rausch ist es, der wirkt. Liebe wurde als Droge verstanden und bot den Menschen der Frühindustrialisierung bereits die Möglichkeit, sich der Realität zu entziehen, eine Flucht in das Gefühl anzutreten, das dann Liebe hieß. Auch bei Wagner hatte die Leidenschaft für Mathilde Wesendonck keine Wirklichkeit gehabt. Zwar machte er ihr einen Heiratsantrag, war aber erleichtert, als sie ihn ablehnte. Zu Cosima meinte er später, es sei ihm nicht wirklich ernst gewesen. Wagner spielte mit Mathilde Wesendonck »Oper« - er gewiß nicht allein. Ein Rückzug der Gesellschaft - vor allem der Oberschicht - aus der Realität und aus der Teilnahme an den Problemen der Zeit ließ sich nicht leugnen.

Wie aktuell Wagners Rausch-Beschwörungen auf der Bühne waren, kann man aus der Begeisterung Baudelaires entnehmen. Daran beteiligte sich willig ein großer Teil des französischen Publikums, was die ungeheure Verehrung beweist, die Wagner in Frankreich entgegengebracht wurde.

LIEBESPAARE

Die Beziehung von zwei Menschen zueinander, das was man »Liebe« nennt, erschaffen Offenbach und Wagner ihrer konträren Lebensphilosophie entsprechend unterschiedlich.

Ein eifriges Bestreben des jüngeren Wagner war, der »Liebe reinstes Wesen« zu besingen. Elisabeth betet vor der Rückkehr Tannhäusers:

> »*(Elisabeth senkt sich mit großer Feierlichkeit auf die Knie)*
> ELISABETH: Allmächt'ge Jungfrau, hör mein Flehen!
> Zu dir, Gepries'ne rufe ich!
> Lass' mich im Staub vor dir vergehen,
> O, nimm von dieser Erde mich!
> Mach', daß ich rein und engelgleich
> Eingehe in dein selig' Reich!
> *(Sie verbleibt eine Zeitlang in andächtiger Entrücktheit)*«

Mit dieser Regieanweisung schuf Wagner ein Bild, das von einem nazarenischen Maler entworfen sein könnte. Zu Anfang unseres Jahrhunderts wurde so etwas als Kitsch verlacht, heutzutage steht es aber wie die Opern von Wagner oder auch die Schlösser von Ludwig II. hoch im Kurs.

> »ELISABETH: Wenn je in tör'gem Wahn befangen,
> Mein Herz sich abgewandt von dir,
> Wenn je ein sündiges Verlangen,
> Ein weltlich Sehnen keimt in mir,
> So rang ich unter tausend Schmerzen,
> Daß ich es töt' in meinem Herzen!«

Wegen dieses »sündigen Verlangens«, das er bei Frau Venus gestillt hatte, mußte Tannhäuser nach Rom pilgern und Erlösung aus der »Hölle heißem Brand« erflehen, vom Heiligen Vater, von ihm, »durch den sich Gott verkündigt«. Sie wird ihm nicht gewährt, Tannhäuser bekommt dagegen zu hören:

»Hast du so böse Lust geteilt,
Dich an der Hölle Glut entflammt,
Hast du im Venusberg geweilt:
So bist nun ewig du verdammt!
Wie dieser Stab in meiner Hand
Nie mehr sich schmückt mit frischem Grün,
Kann aus der Hölle heißem Brand
Erlösung nimmer dir erblühn.«

Die Körperlichkeit der Liebe, die das »sündige Verlangen« weckt, ist »der Hölle Lust« und wird von Frau Venus gelehrt. Wie höllisch das alles ist, geht aus Wolframs Antwort hervor: Tannhäuser, nach der Erfahrung von Rom im Tiefsten zerschmettert, fragt ihn nach dem Weg zum »Venusberg«. Wolfram darauf: »Entsetzlicher! Entweihe nicht mein Ohr!«

Wagners Tannhäuser-Dichtung entstand im Jahr 1844/45. Zwanzig Jahre später bringt Jacques Offenbach in Paris seine Opéra-bouffe »La belle Hélène« heraus, in der alle den Befehlen der Frau Venus gehorchen. Als Helena ein paar schöne Tage mit dem gerade eingetroffenen Prinzen Paris verbringen will, tun sich alle zusammen und empfehlen der jungen Königin: »Schick doch deinen Mann nach Kreta, wenn er dich beim Flirten stört, gib nur acht, daß er aus Kreta nicht zu früh nach Hause kehrt.« Als das dann doch geschieht, geraten Helena und Paris in große Peinlichkeit; die ganze Hofgesellschaft schiebt die Schuld dafür einmütig auf Menelaos, weil er zu früh heimgekommen ist, was Leute von Welt nicht tun.

Die »Belle Hélène« hatte großen Erfolg, nicht zuletzt, weil das Publikum darin Menschen wie ihresgleichen wiedererkannte. Ursprünglich hatte Offenbach vor, im ersten Akt der »Belle Hélène« eine Parodie auf den »Sängerkrieg auf der Wartburg« aus Wagners »Tannhäuser« einzuarbeiten. Seine Mitarbeiter rieten ihm ab und er unterließ es dann.

Elisabeth erfleht im Himmel die Rettung der Seele Tannhäusers - was »Gretgen« für Faust getan hatte. Das

Thema heißt: Erlösung der Männer durch »die Tränen eines Weibes«. Das ist auch die Geschichte des »Fliegenden Holländers«. Immer endet die Erlösung mit beider Sterben. Wagners berühmtestes Liebes- und Erlösungsdrama »Tristan und Isolde« führt ebenfalls das Liebespaar über den Rausch in den Tod. Sie haben diesen Rausch jedoch nicht wie Werther aus ihrer flammenden Seele entwickelt, sondern mit Hilfe eines Zaubertranks. Der Reiz dabei war der schwebende, schwelende, übergangshafte Zustand, das Stimulans, das Wagner musikalisch auszudrücken sich bemühte und damit das Klangbild der überkommenen Musik enorm veränderte. Er schätzte auch im Leben diese opernhaften Schwebezustände, etwa in seinem Umgang mit Ludwig II. oder mit Mathilde Wesendonck. In seinen Dramen schwelte es zwischen Wotan und seiner Tochter Brünnhilde, zwischen Hans Sachs und Evchen, man weiß nicht, was zwischen Siegfried und Brünnhilde gewesen ist.

Bei Offenbach gibt es das alles nicht: kein Baden im Liebesschmerz, keine Glorifizierung der unglücklichen Liebe, nicht das Postulat, daß unglückliche Liebe Erlösungswert besitze. Offenbach und seine Textdichter führen vor, mit welcher Frivolität sich die hohe Gesellschaft der Droge »Liebe« bedient, etwa in »Pariser Leben«, der »Schönen Helena«, der »Großherzogin von Gerolstein«. Die stärkste Konfrontation ist die Geschichte vom Ritter Blaubart, der als Strafe für seine wiederholten Vergehen an Frauen als Verurteilung die Ehe erfährt - das Schlimmste, was ihm widerfahren kann.

Von den Liebesbeziehungen, die Wagner darstellt, führt nur eine zu einem eindeutigen Happyend: in den »Meistersingern« schließen Eva Pogner und Walter Stolzing den Bund fürs Leben. Es gibt bei Wagner auch »Beziehungen«, die überhaupt nicht zustande kommen, zum Beispiel zwischen Elsa und Lohengrin oder zwischen Parsifal und Kundry. - In den Operetten Offenbachs sind die Hochgestellten frivol, die Einfachen jedoch, die Dienstboten oder die Soldaten halten mit ihren Mädchen durch Wind und Sturm zusammen und finden dann ihr Happyend.

Bei Offenbach wie auch bei Wagner bestehen Paare immer aus Personen unterschiedlichen Geschlechts, nie wird eine Beziehung zwischen zwei Männern oder zwei Frauen zum Mittelpunkt der Handlung. Aus dem bürgerlichen Rahmen und dessen Moral fällt jedoch in Wagners »Walküre« die Liebe des Geschwisterpaares Siegmund und Sieglinde, also eine Inzestbeziehung. Bei Offenbach fehlt so etwas völlig. Wagner bemüht sich, die Liebesszene prickelnd zu gestalten: Zum Schluß des ersten Aktes gibt es einen Liebesgesang von 85 Partiturseiten zwischen Siegmund und Sieglinde; sie erkennen sich als Zwillingsgeschwister:

> »*(Er umfaßt sie, um sie mit sich fortzuziehen. Sieglinde reißt sich in höchster Trunkenheit von ihm los und stellt sich ihm gegenüber)*:
> SIEGLINDE: Bist du Siegmund,
> Den ich hier sehe -
> Sieglinde bin ich,
> Die dich ersehnt:
> Die eigene Schwester
> Gewannst du zueins mit dem Schwert!
> *(Sie wirft sich ihm an die Brust)*
> SIEGMUND: Braut und Schwester
> Bist du dem Bruder -
> So blühe denn Wälsungen-Blut!
> *(Er zieht sie mit wütender Glut an sich. Der Vorhang fällt schnell.)*«

Aus diesem Zusammensein »erblühte« Siegfried, der »weihlichste Held.« Wagner hatte das Inzestmotiv in der Völsungensaga gefunden. In älteren Kulturen reden sich Liebespaare oft mit Bruder und Schwester an, zum Beispiel in Salomons Hohem Lied. Das gilt nicht nur für weit vergangene Zeiten; auch Goethe dichtete noch im Zusammenhang mit Frau von Stein: » ... du warst in abgelebten Zeiten meine Schwester oder meine Frau.« Für Cosima und Richard Wagner ist das nicht überliefert. Cosima empfand sich nicht als seine Schwester, sondern als seine Dienerin, wie aus ihren Tagebüchern hervorgeht. Sie kniete auch vor ihm und küßte den Boden, wo er gestanden hatte.

Obwohl inzestuöse Liebesbeziehungen dem Pariser Publikum der Wagner-Zeit nicht fremd gewesen sein dürften, hat Offenbach, der große Parodist und Karikaturist, diesen Stoff nicht aufgegriffen. So konnte das französische Opernpublikum sich in seiner zeitweilig grenzenlosen Wagner-Verehrung an diesen Szenen berauschen, ohne daß es Offenbach-Halévyschen Spott hätte aushalten müssen.

Wagner schrieb seine Musikdramen für das durch die Industrialisierung reich gewordene Großbürgertum, das nach dem Untergang der Feudalherrschaft durch die Französische Revolution die kulturelle Führung übernommen hatte. Es stellte auch das Publikum für Opernaufführungen und wollte dort aus dem prosaischen, schnöden Erwerbsalltag herausgehoben werden. Es wollte Irrealität, Rausch und die Wiederherstellung von Fürstenglanz. Für diese Konsumenten - gewiß auch für sich selber - mixte Wagner seine Handlungsabläufe, Dramen, Epen oder Kolportagen aus dem Material der mittelalterlichen oder altgermanischen Quellen. Er ließ Tannhäuser von »der Liebe reinstem Wesen« singen, Senta sich in aufopfernder Liebe zur Erlösung des Fliegenden Holländers ins Meer stürzen, Isolde dem sterbenden Tristan ihren eigenen Tod von den Lippen küssen - das großbürgerliche Publikum schlürft das bis heute, fühlt sich für die Zeit, die es im Parkett sitzt, ebenso hoch, edel, rein, aufopfernd wie Wagners Gestalten auf der Bühne. In ihrem realen Leben dürften die Herren und Damen sich eher so verhalten, wie Jacques Offenbach sie darstellt: die romantische Liebe findet nicht statt, ganz andere Interessen führen zu Verbindungen, sie alle sind der Ehe müde und dauernd nach auffrischenden Abenteuern unterwegs.

Nietzsche lehnte sich schon 1888 dagegen auf, als er Bizets »Carmen« kennenlernte: »Endlich die Liebe, die in die Natur zurückübersetzte Liebe! Nicht die Liebe einer höheren Jungfrau! Keine Senta-Sentimentalität! Sondern die Liebe als Fatum, als Fatalität, zynisch, unschuldig, grausam - und eben darin Natur! ... im Durchschnitt machen es die Künstler wie alle Welt, sogar schlimmer - sie mißverstehen die Liebe. Auch Wagner hat sie mißverstanden ...«[75]

EHEPAARE

»Ehe ist die gesetzlich anerkannte Vereinigung zweier Personen verschiedenen Geschlechts zu dauernder Gemeinschaft aller Lebensverhältnisse und zur Gründung einer Familie. Während sich in unterentwickelten Kulturständen meist Polygamie in Form von Polygynie (Vielweiberei) oder seltener Polyandrie (Vielmännerei) findet, ist in den christlichen Staaten die Monogamie (Einehe) gesetzlich geschützt und Bigamie (Doppelehe) strafbar. Die Ehe steht unter Staats- und Kirchenrecht«, soweit das Brockhaus-Lexikon. - Sowohl bei Richard Wagner wie auch bei Jacques Offenbach kommen hochgestellte Persönlichkeiten mit dieser Auffassung von Ehe erheblich in Konflikt. Der germanische wie auch der antik-griechische Göttervater tragen mit ihren Gattinnen fast die gleichen Zwistigkeiten aus; wobei die Monogamie das schwerste Problem darstellt. In Wagners »Walküre« klagt Wotans Angetraute:

»Fricka: Die treue Gattin
Trogest du stets;
Wo eine Tiefe,
Wo eine Höhe,
Dahin lugte
Lüstern dein Blick,
Wie des Wechsels
Lust du gewännest
Und höhnend kränktest mein Herz!
Trauernden Sinnes
Mußt' ich's ertragen,
Zogst du zur Schlacht
Mit den schlimmen Mädchen,
Die wilder Minne
Bund dir gebar.«

Sehr ähnlich äußert sich Juno über Jupiters, ihres Gemahls Verhalten:

> »JUNO: Ist es denn für einen Gatten so schwer, seinerGattin treu zu bleiben? ... Eine schöne Sterbliche ist plötzlich von der Erde verschwunden. Ein Gott, so heißt es, hat sie entführt. Die Entführte nennt sich Eurydike; der Entführer heißt - Jupiter.«

Vielleicht sind die Ehefrauen schon Christinnen und können deshalb die Monogamie einklagen; ihre Ehegatten, die Göttervāter Wotan und Jupiter sind historisch gesehen Heiden, also noch in der Polygamie, genau genommen in der Polygynie verhaftet, ohne daß sie dafür zur Rechenschaft gezogen werden könnten. Beide reagieren ähnlich gereizt beim Erscheinen ihrer besseren Hälften.

> »JUPITER: Ei sieh, meine holde Gattin. (Für sich.) Welch ein Hauskreuz. (Laut). Was gibt's, mein Kind?
> JUNO: Was es gibt? ... Das Dasein, das du mit bereitest, ist -
> JUPITER: Unerträglich! - Immer die alte Leier. Kannst du nicht ein mal andere Saiten aufspannen? ...«

Wagners Fricka ist aus der Schlucht »in einem mit zwei Widdern bespannten Wagen auf dem Joch angelangt: dort steigt sie schnell ab und schreitet dann heftig in den Vordergrund auf Wotan zu:

> »WOTAN: *(indem er sie kommen sieht).* Der alte Sturm,
> Die alte Müh!
> Doch stand muß ich hier halten.
> FRICKA: *(je näher sie kommt, mäßigt sie den Schritt und stellt sich mit Würde vor Wotan hin)*
> Wo in den Bergen du dich birgst,
> Der Gattin Blick zu entgehn,
> Einsam hier
> Such ich dich auf,
> Daß Hilfe du mir verhießest.

WOTAN: Was Fricka kümmert,
Künde sie frei ...«

Als Wagner die »Walküre« verfaßte, lebte er noch in seiner Ehe mit Minna. Im Jahr 1854 empfand Wagner bereits unaufhaltsam Entfremdung, nicht zuletzt wegen seiner Begeisterung für Mathilde Wesendonck. Minna schrieb ihm Briefe voller Eifersucht. Er antwortete am 30. September 1854 aus Zürich: »Jetzt habe ich erst den zweiten Akt der ›Walküre‹ wieder aufgenommen; als ich gestern Deinen etwas mißtrauischen Brief bekam, hatte ich gerade das Auftreten der Fricka zu komponieren; das stimmte gar nicht übel zusammen.« Fricka war Wagners ungeliebteste Dramengestalt und erhielt die konventionellste Musik.

Offenbach und Halévy stellten keineswegs ihre eigenen privaten Sorgen auf die Bühne (beide lebten in glücklichen Ehen), sondern spießten die Zustände im Paris des Zweiten Kaiserreichs auf, die Moral, die nur wegen der Meinung der Leute rechts und links unter Ächzen aufrecht erhalten wird. Sie stellten das 1858 fast gleichzeitig mit der »Walküre« in »Orphée aux Enfers« in der Unterhaltung zwischen Orpheus und der Öffentlichen Meinung dar. Orpheus und Eurydike sind ein Ehepaar, beide auf Abwegen. Sie hat ein Verhältnis mit einem Schäfer von nebenan - der sich später als Pluto, Herr der Unterwelt entpuppt - er stellt der süßen Nymphe Chloe nach. Er, Orpheus, Violinprofessor und Direktor des Konservatoriums von Theben, legt eine Giftschlange in den Garten, um sie, Eurydike, aus dem Leben zu befördern, mit Erfolg. Er ist erleichtert, daß sie tot ist und möchte sich nun einen neuen Lenz machen. Doch er hat nicht mit der »Öffentlichen Meinung« gerechnet. Es entspinnt sich folgender Dialog:

»ORPHEUS: Weh, die Öffentliche Meinung
hat mich schon beim Wickel.
DIE ÖFFENTLICHE MEINUNG: Ja, die Öffentliche Meinung,
die dich deiner unschicklichen Freude entreißen wird!
ORPHEUS: Was soll das heißen?
DIE ÖFFENTLICHE MEINUNG: Du wirst mir

auf der Stelle nach dem Olymp folgen und dort zu den Füßen Jupiters
von ihm die verlorene Gattin zurückerflehn.
ORPHEUS: Grausame, was sprichst du? - Ich soll das unbegreiflich Schicksal zu ändern suchen? Ich soll mich entwitwern? Bei einer solchen Handlungsweise wäre ich wahrhaftig nicht wert, meine Frau verloren zu haben.
DIE ÖFFENTLICHE MEINUNG: Du mußt diesen Schritt tun zur Erbauung der Nachwelt, damit diese wenigstens einen Gatten nenne, der seine Frau, die unter der Erde war, wieder auf der Erde sehen wollte.
ORPHEUS: Wenn du wüßtest, wie ich sie verabscheue.
DIE ÖFFENTLICHE MEINUNG: Desto heroischer wird deine Selbstüberwindung sein. - Wäre die Tugend angenehm,
bedeutete es dann ein Verdienst, sie zu lieben?
Also spute dich.
ORPHEUS: Ich will nicht.
DIE ÖFFENTLICHE MEINUNG: Du willst nicht? Du ziehst es vor, dich meiner Rache auszusetzen? Was wird die Folge sein? Die Welt soll dein Verhältnis mit der Nymphe Chloe erfahren. Alles wird mit Fingern auf dich zeigen.
ORPHEUS: Schrecklich!
DIE ÖFFENTLICHE MEINUNG: Du wirst deine Stellung verlieren.
ORPHEUS: Noch schrecklicher!
DIE ÖFFENTLICHE MEINUNG: Du wirst aus dem Berufsverband der Musiker ausgeschlossen werden.
ORPHEUS: Am allerschrecklichsten!
DIE ÖFFENTLICHE MEINUNG: Also komm!«

Die französische Kritik der Uraufführung stand dieser Fassung der hehren klassischen Sage ratlos gegenüber. »Glück-

lich diejenigen«, hieß es, »die über diese Späße lachen können!« Man fragte sich mit Erstaunen, wie man auf die Idee einer solchen Parodie kommen konnte.[76] Die Franzosen wußten nicht, daß die Quelle für »Orphée aux Enfers« aus dem Kölner Karneval stammte.

Die Handlung von »Pariser Leben« ist im Zusammenhang damit betrachtet, die konsequente Fortführung, wenn sie gleich mit der Freiheit der Ehepartner gegeneinander anfängt. Als Burleske ist wohl zu verstehen, daß Blaubart (»Barbe Bleue«) zur Sühne für seine Verbrechen an den verflossenen Frauen eine Ehe eingehen muß. So wird die Gesellschaft dieser Jahrzehnte vermutlich ihr Leben gestaltet haben und doch in Unterwerfung vor der Öffentlichen Meinung Ehen geschlossen, geführt und in Orpheus-würdigen Umständen aufrecht erhalten haben.

Richard Wagner schrieb schon 1882, im Jahr vor seinem Tod, unkonventionelle Gedanken über die Ehe. Im »Braunen Buch« meinte er, Vermählungen ohne gegenseitige Zuneigung seien für das menschliche Geschlecht verderblicher gewesen als alles andere. Der Verfall der menschlichen Rasse sei auf Konventionsheiraten zurückzuführen, Mißbrauch der Ehe, Eigentum und Besitz seien die wahren Gründe, warum der Mensch unter das Tier gesunken sei.[77]

PESSIMISMUS

Der Pessimismus war die Grundstimmung eines großen Teils der bürgerlichen Gesellschaft vor allem in den deutschen Staaten des vorigen Jahrhunderts.

Als Apologet des Pessimismus galt Arthur Schopenhauer. Richard Wagner wurde 1854 von Georg Herwegh auf Schopenhauers Hauptwerk »Die Welt als Wille und Vorstellung« aufmerksam gemacht. Herwegh warnte ihn davor, dem Schopenhauerschen Denken mit Unbesonnenheit zu begegnen. Mit Betroffenheit las er den ersten Satz: »Die Welt ist meine Vorstellung.« Die vollkommene Ertötung des Willens und die Entsagung von aller Welt wollten Wagner zunächst nicht behagen, da sie seiner zukunftsbezogenen Kunsttheorie zu widersprechen schienen. Jedoch las er das Buch bis zum Ende des folgenden Sommers nicht weniger als viermal und schrieb am 16. Dezember 1854 an Liszt: » ... Sein Hauptgedanke, die endliche Verneinung des Willens zum Leben, ist von fundamentalem Ernste, aber einzig erlösend. Mir kam er natürlich nicht neu, und niemand kann ihn überhaupt denken, in dem er nicht bereits lebte.« In »Mein Leben« äußerte Wagner: »Ich blickte auf mein Nibelungen-Gedicht und erkannte zu meinem Erstaunen, daß das, was mich jetzt in der Theorie so befangen machte, in meiner eigenen poetischen Konzeption mir längst vertraut geworden war.«

Als Friedrich Nietzsche im Jahr 1868 Wagner zum ersten Mal begegnete, sprachen sie auch über Schopenhauer. Nietzsche schrieb in einem Brief: »Inzwischen hatte ich ein längeres Gespräch mit ihm über Schopenhauer; ach, und Du begreifst es, welcher Genuß es für mich war, ihn (Wagner) mit ganz unbeschreiblicher Wärme von ihm reden zu hören, was er ihm verdanke, wie er der einzige Philosoph sei, der das

Wesen der Musik erkannt habe.« Nietzsche resümierte 1870: »Für mich knüpft sich alles Beste und Schönste an die Namen Schopenhauer und Wagner.«[78]

Den Begriff »Pessimismus« findet man etwa ab 1760. Er ist eine Gegenformulierung zu »Optimismus«. »Optimum« = das Beste, »Pessimum« = das Schlechteste, geprägt im Zusammenhang mit der Deutung der Welt als der besten oder der schlechtesten aller möglichen, von Leibniz zugunsten der »besten« entschieden. Optimismus und Pessimismus sind dann nicht Stimmungen, sondern philosophische Erklärungen.

Auch bevor es das Wort »Pessimismus« gab, finden sich weltverneinende Interpretationen. In der Antike waren sie zahlreich, nachzusehen bei Hegesias, dem antiken Todesprediger, bei Heraklit, Semonides, Theognis, Pindar, Empedokles, selbst bei Platon. Auch die großen Religionen, Christentum und Buddhismus, sahen die Welt als eine schlechte an, waren also pessimistisch, ohne daß es die Bezeichnung gegeben hätte. Man weiß nicht, wer sie geprägt hat. Selbst das Wort »Optimismus« ist nicht von Leibniz erfunden worden, es scheint um 1730, zuerst von den Jesuiten gebraucht worden zu sein.

Unabhängig von den philosophischen Erörterungen über die Qualität der Welt gab es immer wieder Schübe von Verdrossenheit und Schwermut, die gegen die vital-animalische und von Reflexionen nicht angekränkelte Lebensbejahung anbrandeten. Diese hießen jedoch nicht Pessimismus, sondern »Melancholie«. Der Melancholiker ist neben dem Sanguiniker, dem Choleriker und dem Phlegmatiker einer der Träger der vier Temperamente. Melancholie hatte zweierlei Bedeutung: mit dieser Bezeichnung war auch Gefühlsüberschwang gemeint. So ist das Wort auch im Englischen gebraucht bei Charles Burton, der zur Zeit Shakespeares eine »Anatomy of Melancholy« (1621) verfaßte.

Der dritte und letzte Band des Werkes ist der Melancholie und der Liebe gewidmet. Burton faßt die Liebe mit ihrer Gier des Besitzes, der Unlust und der eventuellen Glückseligkeit des Besitzens als eine Art von Melancholie auf. Die Krankheit ist dann nicht das Seelenelend, sondern das Wogen der

Gefühle überhaupt. Das wurde mit der Mitte des 18. Jahrhunderts zur Hauptsache.

Als Gefühlsüberschwang faßte auch Kant die »Melancholie« auf, wenn er sagte, daß der »Melancholiker vorzüglich ein Gefühl für das Erhabene« besitze, daß er ernst, beständig, verschwiegen und in sich gekehrt sei. Hier ist nicht von Schwarzgalligkeit die Rede. »Auf Fröhlichkeit und gute Laune muß man den Jüngling hinweisen.« Noch als Greis hörte Kant nicht auf, das Lachen als Himmelsgabe zu preisen (Kritik der Urteilskraft), jedoch ein fröhliches Lachen sollte es sein, während er das »kopfbrechende, halsbrechende oder herzbrechende Lachen der Grübler oder Genies und der empfindsamen Romanschreiber« ablehnte.

In der Mitte des 18. Jahrhunderts kam das »Gefühlvolle« geradezu in Mode. Die Zeit wurde später »Empfindsamkeit« genannt. Leo Balet analysierte: »Die Empfindsamkeit der zweiten Hälfte des 18. Jahrhunderts war, wir brauchen es wohl kaum zu sagen, keine natürliche Veranlagung der damaligen Generation. Es wäre absurd zu glauben, daß seit der Mitte des 18. Jahrhunderts plötzlich nur noch Kinder mit einem hypersensiblen Gemüt zur Welt gekommen seien. - Die Empfindsamkeit war ein künstliches Produkt. Künstlich nach zwei Richtungen. Erstens wurde die Reaktionsfähigkeit des seelischen Gefühls bewußt über das Normale erhöht. - Zweitens wurde das Gegenständliche, das das Fühlen in Wallung bringen sollte, bewußt gesucht, bewußt gesteigert, und wo es fehlte, bewußt erzeugt. Man wollte fühlen, um alles in der Welt fühlen, weil das reine akthafte Fühlen unendlich lustvoll war. Kein besseres Mittel gab es, um sich »eines höheren Grades seiner Realität« (seines Menschseins) bewußt zu werden, wie Lessing den vehementen Drang dieser Zeit formulierte. Auch Steinhausen hat das richtig erfaßt: ›Bei alledem Fühlen kam man sich groß und schön vor, man schwelgte in den Gefühlen und war von der Größe des eigenen Ichs auch in der kläglichsten und bittersten Stimmung überzeugt. Das trifft den Nagel auf den Kopf.‹«[79]

In keiner Zeit hat man soviel und mit so grenzenloser Lust geweint, wie in der zweiten Hälfte des 18. Jahrhunderts.

Wenn man sich traf, suchte man sich »wehmütiger zu machen.«[80] In Johann Martin Müllers 1776 erschienenen Roman »Siegwart« wird auf 1180 Seiten 555 mal geweint. Es hat niemals eine Zeit gegeben, in der soviele Freundschaftstränen geflossen, so bitterlich und verzweifelt um die Abwesenheit eines Freundes geklagt, geseufzt und geschluchzt, soviel süße namenlose Wonne in seinem Beisein gekostet, so viele Bünde fürs Leben geschlossen und mit den schauerlichsten Eiden beschworen wurden, als in der zweiten Hälfte des 18. Jahrhunderts.

Es ging jedoch nicht um den Freund, sondern einzig und allein um das subjektive Gefühl. »... Die Regie, mit der Freundschaften in Szene gesetzt wurden, gibt uns allein schon einen tiefen Einblick in ihren unwahren, theatralischen Charakter.«[81]

Die Empfindsamkeit war eine europäische Erscheinung. Sie begann in England. Es bietet sich an, sie als erste Reaktion auf die Reglementierung des Lebens durch die Puritaner zu verstehen, auf deren Aufforderung zu »innerweltlicher Askese«, wie Max Weber das nannte. Lord Chesterfield ermahnte seinen Sohn in seinen Briefen nicht nur, das Lachen zu vermeiden, er, und nicht er allein, empfahl auch ein Leben ohne Trägheit, ohne Müßiggang, dagegen immer mit nützlichen Verrichtungen gefüllt. Arbeitsam und sparsam sollte das Leben sein, wenn es Gott gefallen wolle. Die puritanische Gesellschaft hatte eine Antipathie gegen feudale Lebensformen, gegen jedwede Verschwendung, auch kulturelle Güter durften nichts kosten. Max Weber zog daraus die trübe Bilanz, daß »die Askese sich wie ein Reif auf das fröhliche alte England legte«. Was lag näher als eine Flucht nach innen, und wenn lachen nicht erlaubt war, sich Genuß mit dem Weinen zu besorgen, mit »wollüstigen Tränen«, wie man damals sagte.

Die Deutschen waren nicht weniger rigoros. Nikolaus Ludwig Graf von Zinzendorf (1700 - 1760) und August Hermann Francke (1663 - 1727) verfaßten strenge Vorschriften für ein gottgefälliges Leben. Ernst, arbeitsam, ohne Zeitverschwendung sollte es sein. Das wirkte steigernd zurück auf die Intensität der Frömmigkeit: in der Herrnhuter Gemeinde wurde »Gefühl«, das bislang nur in Begleitung der Frömmigkeit aufgetreten war, zur Hauptsache, entzündete sich sogar an religiösen Vorstellungen. Daraus erwuchs die religiöse Strömung des Pietismus. Die Folgen solch hochgesteigerter Empfindsamkeit waren: Abkehr von der Wirklichkeit und Flucht in eine irreale Gedankenwelt bis zur Weltverdammung. Das wurde schlimme Realität im Zusammenhang mit Goethes Werther, der eine nicht bekannte Zahl von Menschen, die sich betroffen glaubten, dazu verleitete, ihrem Leben ein Ende zu setzen.

Die politische Realität der ersten Jahrzehnte des 19. Jahrhunderts förderte besonders in den deutschen Staaten das geistige Verlassen der Realität. Die Napoleonischen Kriege mit der deutschen Niederlage, die Kontinentalsperre, die französische Besatzung, die Kriegskontributionen, die Befreiungskriege, die Mißernten und die Wiederherstellung der Macht des Adels enttäuschten, verschüchterten und demoralisierten die Bürger dermaßen, daß sie Verzweiflung an der Welt, »Weltschmerz«, ergriff. Die Formulierung stammte von Jean Paul aus den ersten Jahren des Jahrhunderts, Heine griff das Wort ab 1830 auf und damit wurde es bekannt. Der »Weltschmerz« wurde zur Modeströmung und war 1819, als Schopenhauer sein Hauptwerk »Die Welt als Wille und Vorstellung«, die Apotheose des Pessimismus, verfaßte, bereits auf ihrem Höhepunkt. Es heißt in einem Roman der Zeit: »Unglücke haben die Menschen zu allen Zeiten genug gehabt, der Fluch des gegenwärtigen Geschlechts ist aber, sich auch ohne alles besondere Leid unselig zu fühlen.«[82]

Selbstmord wurde zur Massenerscheinung. Verschiedenste und absonderlichste Motive führten dazu. Hermann Marggraf beschreibt 1839 in seinem Buch »Deutschlands jüngste Literatur- und Culturepoche« diese Epidemie: »Bei uns war die Pistole eine Zeitlang an der Tagesordnung, jetzt ist man bereits raffinierter, man ist nicht zufrieden mit dem Erschießen, Erhängen, Ersäufen, Vergiften, man weiß exquisitere Todesarten in Anwendung zu bringen ... Einige Mystiker schlugen sich selbst ans Kreuz, unglücklich Liebende oder junge Dichter, die mit ihren Melodramen nicht reüssierten, ersticken sich in unserer Zeit der Dampfanwendung mit Kohlendampf, Napoleonisten stürzen sich von der Vendômesäule, ein Mädchen verschluckt Nähnadeln in Honigkuchen, bis ihre Eingeweide in unheilbare Geschwüre übergehen, ein Mann in Birmingham kriecht in einen glühenden Ofen und verkohlt sich darin, andere kauen und verschlingen Glas, ein genialer Selbstmörder stürzt sich unter die Räder eines schwer belasteten Wagens ...«

Im Jahr 1843/44 nannte Jeremias Gotthelf in seinem Roman »Anne Bäbi Jowäger« den Weltschmerz die allerneueste Krankheit. Wieviele Opfer der Weltschmerz in dieser Epoche forderte, ist nicht bekannt.

In der europäischen Geschichte gab es unterschiedliche Gründe oder Anlässe für schlechte Laune bis zur Melancholie und zum Weltschmerz: allgemein bekannt und bespottet wurde die Langeweile des Adels, die oft zur Melancholie führte, das war sozusagen eine Luxuskrankheit. Zur Abhilfe wurden Hofnarren gehalten oder auch Kunst, Musik und Literatur gepflegt, nicht selten wurden kriegerische Auseinandersetzungen mit Nachbarstaaten angefangen, um der Langeweile entgegen zu steuern.

Offenbach und Halévy griffen dieses Motiv in der »Großherzogin von Gerolstein« auf. Der Ratgeber und einstige Erzieher der Großherzogin erklärt dem Nachbarland den Krieg, weil er der Fürstin, die sich grenzenlos langweilt, eine kleine Zerstreuung verschaffen will.

Frauen waren sehr oft von Schwermut befallen wegen ihrer Unfreiheit, besonders wegen des Zwangs zur Zurückhaltung bis zur Keuschheit. Untersuchungen haben erwiesen, daß dieser Druck im Lauf der zur Rede stehenden hundert Jahre sehr zunahm. Eine Einschränkung der persönlichen freien Lebensgestaltung brachte vor allem der Anstieg der Technisierung. Er zwang den Menschen Handlungen oder Unterlassungen im Interesse ihres Funktionierens, im Interesse der industriellen Produktion auf, die sie mißmutig und melancholisch machten.

Für die Bürgerklasse bot sich als Arznei gegen die Melancholie an, die schlechte Laune höher zu schätzen als das Lachen und sie zu genießen. Bei den Deutschen ließen Empfindsamkeit, Weltschmerz und Pessimismus bis heute erkennbare Narben in der Seele zurück, ein verändertes Selbstverständnis und eine sich daraus ergebende speziell deutsche Weltinterpretation. Seit einigen Jahrzehnten gibt es dazu besondere Untersuchungen. Norbert Elias beschreibt die Situation der deutschen bürgerlichen Mittelschicht, die dank der Kleinstaaterei weitgehend von übernationaler politischer Tätigkeit abgedrängt war. Sie flüchtete sich - was Marx und Engels schon aufgewiesen hatten - in die »ideelle Erhebung« über die Welt, was immer eine Verschleierung der realen Ohnmacht war. Aus dieser Schicht von Beamten, Lehrern, Fürstendienern rekrutierte sich die deutsche Intelligenzia, sie sah sich zur politischen Passivität verurteilt und kompensierte das mit einer »Übersublimierung, und Höchstbewertung des Geistes« - seit Luther.

Es bildete sich der Eskapismus der deutschen Gebildeten heraus, der bürgerliche Rückzug in die Innerlichkeit. Schon Marx sprach von der »deutschen Misere« und von der Verspätung der Bourgoisie, die von ökonomischer Expansion wie auch von tatsächlicher Herrschaft ausgeschlossen war. Dabei wuchs der Stachel der Resignation, für das deutsche mittlere Bürgertum ergab sich ein Druck zur Rechtfertigung der eigenen Situation; das erzeugte Weltschmerz, Melancholie, Hypochondrie. Wolf Lepenies faßt zusammen: »Speziell für die deutsche Geschichte ließe sich von hier aus die fatale Beziehung zwischen politischem Verhalten und melancholischer Attitüde aufzeigen: von der Melancholie des deutschen Bürgertums am Beginn seiner ökonomischen Emanzipation, der die politische nie mehr folgen konnte, bis zu jener ›Unfähigkeit zu trauern‹ (Mitscherlich), die eine adäquate Reaktion auf den politisch-moralischen Zusammenbruch im Faschismus verhinderte.«[83] Die Menschen des 18. und beginnenden 19. Jahrhunderts waren von einer Krankheit befallen, bei der sie sich wohlfühlten, die ihnen auch wertvoller erschien, als die Lebensauffassung derjenigen, die am politischen und wirtschaftlichen Handeln teilhatten. Der Bürger im Deutschland des 18. Jahrhunderts, der die Macht nicht besessen hatte, sie aber - nicht zuletzt dank wachsender ökonomischer Bedeutung - erstrebte, verfiel in eine Melancholie, die sich von der Welt abwandte, in eine Flucht aus der Gesellschaft, und vor allem in die Glorifizierung dieser resignativen, melancholischen, etwas beleidigten und doch überheblichen Geisteshaltung - was dann deutsche »Innerlichkeit« oder »Tiefe« genannt wurde.

Der Ort für solche Gesellschafts- ja Weltflucht wurden die Natur und das eigene leidende Ich. Der resignative Verzicht auf Macht hat sich als - meistens gepriesenes - Thema der deutschen Welterfahrung bis in unser Jahrhundert durchgehalten und dazu beigetragen, daß die Politik und die Macht in so unglaublichem Maße aus dem Ruder laufen konnten.

Norbert Elias vergleicht die deutsche mittelständische Intelligenzschicht, die sich vor allem aus dem Kreis der bürgerlichen Fürstendiener oder Beamten rekrutierte, mit der französischen Intelligenz, die solche Selbstbewußtseinsmängel nicht kannte, da die Franzosen die Politik in Europa bestimmten, die französische Intelligenz an der Machtausübung beteiligt sein konnte, wenn sie das wollte, die keine Weltflucht brauchte und deshalb ein anderes geistiges Klima hervorbrachte.

Der deutsche Weltschmerz war am leichtesten in der Literatur aufzuweisen. Dort galt er jedoch ab 1850 als überwunden. Danach erst lernte Wagner den Schopenhauerschen Pessimismus kennen. Das hatte den einfachen Grund, daß »Die Welt als Wille und Vorstellung« (1819) erst dank einer Übersetzung ins Englische in diesen Jahren bekannt wurde. Wagner stand also in der »Verspätung« und fühlte sich doch zugehörig. Er kam zudem aus der mittelbürgerlichen Schicht, die Weltflucht und Innerlichkeit als Werte proklamierte.

Es ist leichter, an einem literarischen Text, an seinem Inhalt und seiner Wortwahl eine pessimistische Haltung auszumachen; schwerer ist das bei Musik, wenn überhaupt möglich. Die Fragen heißen dann, ob Wagner als Musiker Pessimist war, ob er klingenden Weltschmerz komponiert hat. Aufzusuchen sind auch die zeitparallelen Komponisten zu den Dichtern der Empfindsamkeit, bei denen so viel und so gern geweint wurde. Das sind Haydn, Mozart und der junge Beethoven. Man kann sich nicht entscheiden, sie als tränenselige Melancholiker zu bezeichnen. Sehr oft wird Philip Emmanuel Bach als musikalischer Vertreter der Empfindsamkeit genannt, allerdings weniger wegen des Weinens, sondern weil er die festgelegten, für seinen Vater noch selbstverständlichen Formen aufgelöst hat. Auch die zunehmende Häufigkeit von Moll wird als Hinweis auf die überhandnehmende Traurigkeit angeführt. Die Lehren von den Tonartcharakteren verstehen das anders: danach war Moll nicht prinzipiell traurig, sondern auch »wohlig«. Das kommt der allgemeinen Wehmutswonne, der Melancholie näher, ist aber nicht unbedingt als Genuß am Leid zu interpretieren.

Haydn, Mozart, Beethoven sind bei aller Trauer, die sie ausdrücken konnten, keine Pessimisten. Schumann und Brahms dagegen treffen den Ton von deutscher »Innerlichkeit« und Tiefe, die die Literaturkritiker beschreiben und die Nietzsche in späteren Jahren haßte und mit Spott bedachte. Die Musik von Franz Liszt und Fréderic Chopin braucht gar nicht untersucht zu werden, kamen die beiden Komponisten doch auch nicht aus der deutsch-bürgerlichen Schicht, die solche Ideale proklamierte. Anläßlich von Wagner ist es unerläßlich, der von Nietzsche aufgeworfenen Frage nach der Wahrhaftigkeit seiner Musik nachzugehen.

Die Pessimismus-Welle des vorigen Jahrhunderts setzte sich im 20. Jahrhundert fort in den zahlreichen Ausspinnungen vom Untergang des Abendlandes und des Weltendes überhaupt bei der bevorstehenden Jahrtausendwende. Im Bereich der Musik versuchten die Komponisten ab 1910 sich von den weltverdrossenen Inhalten und vom spätromantischen Klang abzuwenden, indem sie explizit gegen Wagner Stellung bezogen. Bartok und Strawinsky suchten Erfrischung in ihren Folkloren, Schönberg in einem Annullieren der traditionellen Basis der Musik, indem er die Tonalität verließ, Busoni, Ravel und Prokoffieff griffen auf die Musik vor der Pessimismuswelle, auf die Frühklassik, zurück.

Die radikale Abkehr von der pessimistischen Klanglast brachte jedoch erst die Verwendung von elektrisch erzeugtem Klang, zuerst bei Varèse in den zwanziger Jahren und dann verstärkt nach dem Zweiten Weltkrieg.

Trotz aller Veränderungen hat sich die Forderung gehalten, daß Musik, soweit sie nicht als Unterhaltungsmusik auftritt, »ernst« sein muß. Auch bei zeitgenössischen Kompositionen - abgesehen von sehr wenigen - wird im Prinzip nicht gelacht. Die pessimistische Musikauffassung der zurückliegenden 200 Jahre ist immer noch stärker als das von Michail M. Bachtin für die Literatur angemahnte Lachen.

Wagner und sein ernstes Musikdrama ist nach wie vor mehr wert als das Höllengelächter einer Offenbachiade. Ein Umdenken, ein Anfangen vom anderen Ufer der Lebensinterpretation, nämlich vom Lachen und nicht vom Pessimismus aus, ist nicht in Sicht, hat noch viel weniger bereits stattgefunden.

Die Kritiker Offenbachs stehen auf der Kanzel der Ernsthaftigkeit und soweit es um die Musik geht, haben sie das Gebirgsmassiv des deutschen klassisch-romantischen Musikverständnisses im Nacken. Offenbachs Werk dagegen ist ein einziges Manifest gegen den Tiefsinn, gegen den tierischen Ernst. Es ist sein Lachen, werde es homerisch oder infernalisch gehört, das ihn vor der Ästhetik der Seriösen nicht bestehen läßt, er ist nach wie vor deshalb »nur« ein Operettenkomponist.

Johanna Schopenhauer

(1766 - 1838) Mutter des Philosophen. Die geistig selbständige Frau mit literarischen Ambitionen kritisierte den Pessimismus ihres Sohnes: » ... Ich verkenne Dein Gutes nicht, auch liegt das, was mich von Dir zurückscheucht, nicht in Deinem Gemüt, nicht in Deinem innern, aber in Deinem äußern Wesen, Deinen Ansichten, Deinen Urteilen, Deinen Gewohnheiten - kurz, ich kann mit Dir in nichts, was die Außenwelt angeht, übereinstimmen ... Du bist nur auf Tage bei mir zum Besuch gewesen, und jedesmal gab es heftige Szenen um nichts und wieder nichts, und jedesmal atmete ich erst frei, wenn Du weg warst, weil Deine Gegenwart, Deine Klagen über unvermeidliche Dinge, Deine finstern Gesichter, Deine bizarren Urteile, die wie Orakelsprüche von Dir ausgesprochen werden, ohne daß man etwas dagegen einwenden dürfte, mich drückte ...« So schrieb Johanna Schopenhauer an ihren fünfunddreißigjährigen Sohn, nachdem er sich kurze Zeit bei ihr in Weimar aufgehalten hatte. Sie pflegte dort einen Salon, in dem die geistige Welt der Stadt, darunter auch Goethe und Wieland verkehrten. Ihren Sohn sah sie dort nicht gern und zog die Konsequenzen: » ... Höre also, auf welchem Fuß ich mit dir sein will. Du bist in Deinem Logis zu Hause; in meinem bist Du ein Gast ... an meinen Gesellschaftstagen kannst Du abends bei mir essen, wenn Du Dich dabei des leidigen Disputierens, das mich auch verdrießlich macht, wie auch alles Lamentierens über die dumme Welt und das menschliche Elend enthalten willst, weil mir das immer eine schlechte Nacht und üble Träume macht und ich gern gut schlafe ...«[84]

Im Jahr 1814 gab es ein völliges Zerwürfnis zwischen Johanna Schopenhauer und ihrem Sohn. Dieser zog daraufhin nach Dresden. – Unter den zahlreichen literarischen Arbeiten von Johanna Schopenhauer finden sich mehrere über das Leben im Rheinland, nachdem sie 1829 nach Bonn gezogen war.[85] 1833 schrieb sie über die Kölner Karnevalszüge. Unversöhnt mit dem Pessimismus des Sohnes starb sie 1838 in Jena.

Das Knurren in sich und die Lüge des grossen Stils

Formulierung von Friedrich Nietzsche im Zusammenhang mit »Carmen« von Bizet: »Ohne Grimasse! Ohne Falschmünzerei! Ohne die Lüge des großen Stils.«[86]

Die Äußerung richtete sich gegen Wagner, nachdem dieser bereits sechs Jahre tot war und die letzte Begegnung Nietzsches mit ihm zehn Jahre zurücklag. Noch rabiater bezeichnete Nietzsche den einstmals hochverehrten Musiker im gleichen Jahr 1888 als » ... ein Genie der Lüge.«[87] In der Abrechnung mit Wagner[III] nannte Nietzsche ihn »vor allem einen Schauspieler«, was die Entwürfe der Handlung betraf:

» ... Wagners Kunst ist krank. Die Probleme, die er auf die Bühne bringt - lauter Hysteriker-Probleme ... In seiner Kunst ist auf die verführerischste Art gemischt, was heute alle Welt am nötigsten hat - die drei großen Stimulantia der Erschöpften, das Brutale, das Künstliche und das Unschuldige (Idiotische) ...«[88]

Schon drei Jahre zuvor hatte er sich in einem Brief an Malwida von Meysenburg ähnlich abfällig über Wagners Musik geäußert: »Was die Musik angeht: so habe ich im letzten Herbst gewissenhaft und neugierig die Probe gemacht, wie ich jetzt zu Richard Wagners Musik stehe. Was mir diese wolkige, schwüle, vor allem schauspielerische und prätentiöse Musik zuwider ist! So sehr zuwider als - als - als tausend Dinge, zum Beispiel Schopenhauers Philosophie. Das ist Musik eines mißratenen Musikers und Menschen, aber eines großen Schauspielers - darauf will ich schwören.«[89]

Nietzsche zweifelte also die Wahrhaftigkeit von Wagners Musik an. Seit der Empfindsamkeit des 18. Jahrhunderts werden Gefühle inszeniert, ist Kunst »Theater«, und nicht deckungsgleich mit dem Leben des Produzierenden. Das klagte

Nietzsche ein. Er müßte es bei Schopenhauer, dem wortgewaltigen Verfechter des Pessimismus anmahnen, denn dieser führte ein sinnenfrohes Leben, liebte bis an sein Ende eine reichliche Table d'hôte, war trotz allen Zynismus in Fragen der Geschlechtsliebe hinter den Frauen her und sagte von sich: »Ich habe wohl ergründet und gelehrt, was ein Heiliger sei, aber ich habe nie gesagt, daß ich einer wäre.«[90]

Die Ereignisse des Lebens, die Menschen, denen man begegnete, wurden als Anregung für die künstlerische Produktion benutzt. Bei Wagner läßt sich das an den Frauen, die ihn inspirierten, nachzählen: Jessie Laussot, Mathilde Wesendonck, Judith Gautier, ohne daß er ernsthaft in Erwägung gezogen hätte, sich mit einer von ihnen in einer Ehe zu verbinden. Wenn Nietzsche 1888 Wagner der Schauspielerei anklagt, dann dokumentiert sich darin auch, daß die Epoche der allgemeinen weltschmerzlichen Verleugnung der Realität vorbei war, zumindest für progressive Intellektuelle wie Nietzsche. Die literarische Strömung des Realismus hatte das Denken verändert. In der Opernproduktion stand eine Tendenz wie der Verismo vor der Tür. Daran gemessen war Wagners Geisteshaltung schon passé. Nietzsches Vorwurf der »Lüge« des großen Stils zielt außerdem auf die besonders im deutschen Denken dieser Jahre deutlich erkennbare Großmannssucht und Dicketuerei des Deutschen Kaiserreichs. Schon anläßlich der 48er Revolution hatten Marx und Engels darauf hingewiesen, daß die für die deutsche Intelligenz typische »ideelle Erhebung über die Welt« immer nur die Verschleierung der realen Ohnmacht sei und als Kompensation »Renommage« produziere. Im Inneren sei sie ein »Knurren-in-sich«.[91] Gemeint ist die Aufschneiderei des »großen« Stils, der großen Oper, die Wagner bei Meyerbeer zwar verbal ablehnte, deren Riesenorchester und Massenaufzüge auf der Bühne er aber nachahmte. Bei Meyerbeer erwuchs der »große Stil« nicht aus verquältem Knurren-in-sich, er hatte ihn bei Bellini in Italien - also weit entfernt von der deutschen Misere - kennengelernt. Den »großen Stil« gab es in der Italienischen Oper immer schon, selbst die Werke von Verdi sind ohne ihn nicht denkbar. Ist das auch »Lüge«?

Wenn Unterschiede in der Qualität des »großen Stils« gemacht werden können, dann muß die Frage nach Lüge oder Wahrhaftigkeit von Musik gestellt werden. Sie ist sicher nicht beweisbar zu beantworten und doch gibt es sie. Es ist dann zu überlegen, ob zum Beispiel Mozarts Musik wahrhaftig ist, weniger »Lüge« als die Wagners. Ein Vergleich der Musik von Verdi mit der Wagners, der Liszts mit der Wagners ist anzustellen. Schwierige aber unerläßliche Fragen betreffen die Wahrhaftigkeit der Musik zum Beispiel von Bizet - die Nietzsche begeistert bejahte - was würde man über Schubert sagen, was über Schumann - immer zum Thema der Wahrhaftigkeit oder der Lüge. Ganz schwierig ist die Entscheidung bei Komponisten wie Richard Strauß oder Gustav Mahler zu treffen. Es gibt sicher nichts im Notentext, woran sich Lüge oder Wahrhaftigkeit festmachen ließen.

Nietzsche urteilte als Augenzeuge der Gründerzeit mit dem Protz des reich gewordenen Großbürgertums, von dem sich leicht eine Brücke zu den »Meistersingern« schlagen ließ, geradezu aggressiv: » ... es ist leichter gigantisch zu sein als schön; wir wissen das ...«[92] Schließlich: »Wagners Verführungskraft steigt ins Ungeheure, es qualmt um ihn von Weihrauch ... Die Deutschen haben sich einen Wagner zurecht gemacht, den sie verehren können ...«[93] In »Ecce Homo« kurz vor dem Ausbruch seiner Geisteskrankheit schrieb Nietzsche: » ... So griff ich Wagner an, genauer die Falschheit, die Instinkt-Halbschlächtigkeit unserer Kultur, welche die Raffinierten mit den Reichen, die Späten mit den Großen verwechselt.«

Nietzsche überschrieb seine Aufsatzserie »Der Fall Wagner« mit den drei Worten »ridendo dicere severum«, also der Aufforderung, lachend Ernstes zu sagen. Er, der vorgab, am Ernst der Musik, an ihrer Entfernung vom Dionysischen zu leiden, er lachte im täglichen Leben nie. Wagner dagegen, der Schopenhauer-Anhänger und vermeintliche Pessimist, war immer gut gelaunt und machte in seiner Familie viele Späße. Nietzsche hat sich darüber sehr gewundert.

Für Jacques Offenbach war der »große Stil« eine »Lüge«, die sich zum Parodieren anbot. Immer wieder zitierte er

Passagen aus Opern von Meyerbeer, manchmal auch Rossinis »Tell« oder aus Bellini und verarbeitete diese so, als ob er mit einer spitzen Nadel in einen dick aufgeblasenen Luftballon stechen würde, so daß die Luft mit einem scharfen Pfeifton entweicht. Es ist erstaunlich, daß Meyerbeer ihm das nie übel nahm.

Im Jahr 1903 schrieb Debussy zu der Frage, wie Offenbach zum »großen Stil« stand: »Offenbach war, weil er ein begabter Ironiker war, vielleicht der einzige, der die falsche, aufgeblasene Qualität dieser Musik wahrnehmen konnte. Vor allem war es ihm gegeben, das verborgene Element der Farce, das sie in sich barg, aufzudecken und daraus Kapital zu schlagen. Wir wissen, wie erfolgreich er war. Aber niemandem wurde klar, worauf er hinauswollte, denn es wurde als selbstverständlich erachtet, daß Meyerbeer die große Kunst verkörperte, über die keiner auch nur lächeln durfte.«[94]

Die Frage von Wahrhaftigkeit der Musik stellt sich bei Offenbach nicht, jedenfalls unter den Augen Nietzsches nicht: »Wagner ist schwer, schwerfällig: nichts ist ihm fremder als Augenblicke übermütigster Vollkommenheit, wie sie dieser Hanswurst Offenbach fünf-, sechsmal in jeder seiner Bouffonneries erreicht.«[95]

Deutsche Musik

In der Musik tritt nach Wagners Verständnis[96] der deutsche Geist am glanzvollsten ans Licht der Welt:

»Will man die wunderbare Eigentümlichkeit, Kraft und Bedeutung des deutschen Geistes in einem unvergleichlich beredten Bilde erfassen, so blicke man scharf und sinnvoll auf die sonst fast unerklärlich rätselhafte Erscheinung des musikalischen Wundermannes Sebastian Bach. Er ist die Geschichte des innerlichsten Lebens des deutschen Geistes während des grauenvollsten Jahrhunderts der gänzlichen Erloschenheit des deutschen Volkes.«[97]

Das Fundament für Wagners Musikästhetik ist die von Schopenhauer übernommene Theorie, daß sich »in der Musik selbst eine Idee der Welt« erkennen lasse. Musik ist demnach Denken und Philosophie, der Musiker »dessen Werke der Welt erst jenes tiefste Geheimnis der Musik erschlossen haben«, ist Beethoven. Nur ein Zustand kann denjenigen Beethovens übertreffen: der des Heiligen.[98] Nach Wagner ist der Musiker verehrungswürdiger als alle anderen Künstler, »ja fast mit einem Anspruch der Heilighaltung«. Musik solcher Art ist »erhaben«, repräsentiert durch unseren »großen Beethoven«. Der »deutsche Geist« manifestiere sich in ihm, rede »in der reinsten Sprache aller Völker« und sei berufen, den »Menschengeist von tiefer Schmach« zu erlösen. Mehr noch: der deutsche Geist ist über die deutsche Musik, speziell die Beethovens in der Lage und verpflichtet, die Völker zu beglücken und einen günstigen Einfluß auf den Geist und den Charakter der Nachbarvölker auszuüben. »Verspotte uns, wer will, wenn wir diese unermeßliche Bedeutung der deutschen Musik beilegen.«

Wagner stand im vorigen Jahrhundert nicht allein mit dieser Hochschätzung Beethovens. Auf der Suche nach einem

Deutschbewußtsein wurde Beethoven oft als Leitfigur genannt. Robert Schumann pries Beethoven schon 1836: »Deutschlands erhabenster Künstler, der oberste Vertreter deutschen Wortes und Sinnes.« Zum hundertsten Geburtstag Beethovens, der 1870 mit dem Krieg gegen Frankreich zusammenfiel, formulierte Hermann Josef Landau anläßlich der Hundertjahrfeier: »Beethoven brachte wie Schiller ebenso aus bewegtem, überströmendem Herzen seine Gefühle, seine Träume und Leiden, so echt deutsch zum Ausdruck, wie kein deutscher Componist vor ihm und bis jetzt auch keiner nach ihm. Mit einem Worte: Beethoven ist der nationaldeutscheste Musiker.«[99] Wagner setzte Beethovens Musik in direkte Verbindung zu dem deutschen Sieg über Frankreich:

»Und nichts kann sich den Siegen seiner Tapferkeit in diesem wundervollen Jahre 1870 erhebender zur Seite stellen als das Andenken an unseren großen Beethoven, der nun vor hundert Jahren dem deutschen Volke geboren wurde ... So feiern wir denn den großen Bahnbrecher in der Wildnis des entarteten Paradieses! Aber feiern wir ihn würdig, – nicht minder würdig als die Siege deutscher Tapferkeit: denn dem Weltbeglücker gehört der Rang noch vor dem Welteroberer.«

Beethoven hatte seine deutschnationale Einfärbung unfreiwillig erworben: nicht seine Musik, nicht die Musiker, nicht die Kritiker und nicht das Publikum begründeten den Beethoyen-Mythos, sondern, wie sein Adlatus Anton Schindler erzählt: »Die Welthändel im Allgemeinen.« Am 8. und 12. Dezember 1813 wurde in Wien »Wellington's Sieg, oder die Schlacht bei Vittoria« von Beethoven aufgeführt. Schindler berichtete: »Die Jubelausbrüche überstiegen alles, was man bis dahin im Concert-Saale erlebt haben wollte. Ein Werk wie die Schlacht-Sinfonie mußte kommen, um die immer auseinandergehenden Urteile zu vereinigen und somit den Gegnern jeder Art plötzlich den Mund zu stopfen. Das ist gelungen.« Bis dahin hatte es sehr viele kritische Stimmen über Beethovens Musik gegeben, sie sei zu lang, zu gelehrt, zu verquält. Die ungeschmälerten Ehrungen und der Durchbruch zu allgemeiner Anerkennung gingen also keineswegs von der Qualität seiner Musik aus, sondern von dem ihm beigelegten patriotischen Engagement, das er selbst nie in Worten formuliert hatte. In den nach dem Wiener Kongreß anfallenden Beethoven-Jubiläen wurde immer wieder auf seine »Deutschheit« hingewiesen. 1822 gab es anläßlich der 9. Sinfonie die Lobeserhebung: »Welche Nation hat diesen Instrumentalwerken unserer großen Meister Etwas an die Seite zu stellen? ... sind nicht alle diese unser teutsches Nationaleigenthum?«[100] Auch im 20. Jahrhundert und selbst nach der Zerschlagung Deutschlands 1945 gab es ähnliche Sätze. Nietzsche kritisierte: »Bei der deutschen Musik werden moralische Faktoren zu hoch angerechnet.«[101] Das trifft ganz besonders auf die Rezeption Beethovens zu.

Man erzählte - nicht ohne sentimentalen Genuß - die tragische Biographie des Musikers, der sein Hörvermögen verlor, gegen die Verzweiflung kämpfte, der Versuchung widerstand, sich das Leben zu nehmen, weiter arbeitete und schließlich ein »Lied an die Freude« komponierte: ein großer ergreifender Stoff von unerhörter Publikumswirksamkeit. Dieser Beethoven-Roman ist in den 170 Jahren seit seinem Tod immer wieder behandelt worden, wobei die Musik, die er geschrieben hat, die geringste Rolle spielte. Schon zu Beethovens 100. Geburtstag schrieb Ludwig Nohl, einer der frühesten Beethoven-Forscher: »Und wir, wir können selbst dieses furchtbare Leid nur preisen und segnen. Denn gewiß, ohne solch schwerste aller Prüfungen wäre Beethoven nicht Beethoven ...« Nicht mehr fern ist dann der Satz: »Ihn umgibt die doppelte Gloriole des Genius und des Unglücks.«[102] Die Beethoven-Forschung hat mittlerweile Details über Beethovens Leben zusammengetragen, die enthüllen, daß vieles von der immer wieder zitierten Tragik ihm vom Zeitgeschmack übergelegt worden ist, von der Pessimismus-Woge, vom Weltschmerz-Rausch. Darüber hinaus war ein Individuum, ein Heros, der so gekämpft hat wie Beethoven, geeignet, der bürgerlichen Gesellschaft in den Jahren der wachsenden Industrialisierung mit all ihren Frustrationen zum Vorbild zu dienen. Dabei hätte sich das Heldenbild Beethoven kaum zusammengebraut, wenn er nur gekämpft und gelitten hätte; entscheidend ist, daß er gesiegt hat. 1875

ging er ein in die Allgemeine Deutsche Biographie als »der glorreiche Sieger über alle Erdenleiden.«

Im Anschluß an den Erfolg der Schlacht-Sinfonie werden Beethovens Werke entsprechend gespielt: kämpferisch, siegend, zügig, ohne zu fackeln, militant. Für Wagner ist Beethovens Musik der Inbegriff von deutscher Musik. Sie ist »erhaben«, ihr Schöpfer hat Anrecht auf »Heilighaltung«. »Dem Deutschen ist das Gefällige versagt«, meint Wagner.[103] Beethoven habe die »zur bloßen gefälligen Kunst herabgesetzte Musik« in die Höhe des Erhabenen erhoben. Nach Wagner wird in Beethovens Hand selbst das Heitere zum Erhabenen.[104] Das hat die Musik erst durch Beethoven erreicht und das ist nach Wagner ein »Fortschritt«.

Es liegt auf der Hand, daß von einer solchen Musikauffassung aus keine Brücke zu Komponisten wie Rossini und Offenbach bestehen konnte, selbst das Verhältnis Wagners zu Mozart war gezwungen achtungsvoll. Der Gedanke von Zweistimmigkeit ist nicht einmal zu ahnen. Und für Offenbach hatte Wagner nur Spott, eben wegen des »Nicht-Erhabenen«. Die Lach-Szenen aus dem »Orpheus« waren laut Wagner dem Hühnergackern zu vergleichen, aber keine Musik - schon gar keine »deutsche« Musik.

JÜDISCHE MUSIK

Der Vater von Jacques Offenbach, Isaac Eberst, war nicht nur Synagogensänger, sondern auch jüdischer Spielmann gewesen. Die Juden nannten diese Musiker »Lezanim« (Spötter). Sie spielten bei weltlichen Festlichkeiten auf und sagten gleich anderen fahrenden Spielleuten und Possenreißern ihrem Publikum bei Gelegenheit in humoristisch anzüglicher Weise die Wahrheit.

Die jüdischen Musiker, die »Chasan«, sangen eifrig und gefühlsübersteigert mit exotischen Weisen in der Synagoge das Lob Jehovas. Es gab - unerkannt von der Musikgeschichtsschreibung - im Ghetto eine Musikpflege, bei der der geistliche und der weltliche Gesang aus der gleichen Quelle kamen, Psalmen wie auch Tanzlieder.

Wagner goß Kübel von Spott über die Musik der Synagoge: »Die Synagoge ist der einzige Quell, aus welchem der Jude ihm verständliche volksthümliche Motive für seine Kunst schöpfen kann ... Wer hat nicht Gelegenheit gehabt, von der Fratze des gottesdienstlichen Gesanges in einer eigentlichen Volks-Synagoge sich zu überzeugen? Wer ist nicht von der widerwärtigsten Empfindung, gemischt von Grauenhaftigkeit und Lächerlichkeit, ergriffen worden beim Anhören jenes Sinn und Geist verwirrenden Gegurgels, Gejodels und Geplappers, das keine absichtliche Karikatur widerlicher zu entstellen vermag, als es sich hier mit vollem naiven Ernste darbietet?«[105]

Was hätte Wagner erst zu chinesischer, indianischer oder afrikanischer Musik gesagt. Er erlebte es nicht mehr, daß auf der Weltausstellung 1889 in Paris ostasiatische Gruppen mit Gamelan-Instrumenten ihre Musik vorführten, was für die Franzosen Debussy und Satie ein fundamental veränderndes

Hörerlebnis wurde. Nietzsche äußerte nach seiner Entfremdung von Wagner bereits Zweifel daran, daß die deutsche Musik alleinseligmachend sei.[106] Er pries gegen die »deutsche Tiefe«, die Wagner propagierte, die Leichtigkeit Bizets und dessen Mut »zu dieser südlicheren, bräuneren, verbrannteren Sensibilität«, die in der »gebildeteren Musik Europas bisher noch keine Sprache hatte.«

Jacques Offenbach hatte die Musik des jüdischen Ghettos im Ohr und griff in seinen Kompositionen oft auf sie zurück. Er verwendete Psalmen, zum Beispiel in der »Großherzogin von Gerolstein«; in »Une nuit blanche« oder in »Genovefa« den Psalm 118. Besonders prägend dürfte für Offenbach gewesen sein, daß die Synagogensänger nicht versuchten, die Psalmen authentisch zu singen, sondern zur angenehmen Kurzweil auf bekannte weltliche Melodien, sei es auf das Menuett aus »Don Giovanni« von Mozart oder auf das Lied der Brautjungfern aus dem »Freischütz«. Der respektlose Umgang mit berühmtem Material wurde für Jacques zur Methode, schuf sein modernes Parodieverfahren.

Sehr anregend wurde für den jungen Musiker eine besondere Eitelkeit der Vorsänger, die an der Kehle mit den Fingern Triller erzeugten und so durch virtuose Gesangskoloraturen und durch die Imitation von Instrumenten mit der Stimme den Beifall der Zuhörer zu erringen versuchten. Offenbach wendete diese buffoneske Imitation von Instrumenten später mehrfach an.

Der damalige landläufige Synagogengesang war ein buntes Gemisch von alten, traditionellen Melodien, von Volks- und Tanzweisen, von Opernarien und Improvisationen oder Kompositionen der Chasomin selbst. Auf eine musikalisch erregbare Phantasie konnte diese Musik pittoresk, exotisch und stimulierend wirken.

In Paris hatte sich Jacques Offenbach mit dem Literaten Ludovic Halévy zusammen getan, der ihm die Texte schrieb. Auch Halévys Vorfahr war ein Spielmann, ein Lejtzan, gewesen, ein Spötter. Für Offenbach und Halévy war das eine ideale Zusammenarbeit und eine maßgeschneiderte Herkunft für die Erschaffung der großen Offenbachiaden.

E- und U-Musik

Ernste und Unterhaltungsmusik. Die Rundfunkanstalten machen seit einiger Zeit die Unterscheidung von E- und U-Musik, von Ernster und Unterhaltungsmusik. Der Grund dafür ist sehr profan: für U-Musik muß Vergnügungssteuer bezahlt werden, für E-Musik nicht. Die beiden Bereiche der Musik gibt es schon lange; immer war mit der Unterscheidung ein Rang- oder sogar Klassengefälle verbunden. Die E-Musik war die Musik der gebildeten Oberschicht, die U-Musik, die des einfachen Volkes.

Das beginnt schon bei Platon, der um der Wohlfahrt des Staates willen die Kithara zum Staatsinstrument kürte, weil sie mit ihrem zarten Klang zu maßvollen und abgeklärten Gemütsbewegungen anregte und deshalb dem Gott Apollo gewidmet war. Dementgegen diente das von außen eingeführte Instrument Aulos, das zum Ausdruck leidenschaftlicher Erregung geeignet war, der Verherrlichung des orgiastischen Dionysoskultes. - Nietzsche schlug sich 2000 Jahre später auf die Seite des Dionysos:

»Woran ich leide, wenn ich am Schicksal der Musik leide? Daran, daß die Musik um ihren weltverklärenden, jasagenden Charakter gebracht worden ist, daß sie décadence Musik und nicht mehr die Flöte des Dionysos ist ...«[107]

Platon dividierte auch die sieben diatonischen Tonleitern in ethisch höher- oder niedrigerwertige auseinander, er glaubte damit dem Wohl des Gemeinwesens zu dienen - es war allerdings auch ein Schutz gegen die schwer zu kontrollierenden und zu reagierbaren Kräfte der Unterschicht. Es war ohne Zweifel die gesellschaftliche Oberschicht, die die Bewertung der Musik vornahm. Die Antike kannte daneben in Hülle und Fülle wandernde Unterhaltungskünstler: Sänger und Sängerinnen, Tänzer und Tänzerinnen, Akrobaten und Tierbändiger, Rezitatoren und Zauberkünstler, Marionettenspieler, Spaßmacher und Bauchredner. Ihre Musik wurde aufgeführt von Aulos- und Hornbläsern, von Harfenisten, Lyra- und Kitharaspielern.[108] Diese Musik wirkte jedoch nicht in die Zukunft, weil sie nicht von großen Geistern gepriesen und schon gar nicht aufgeschrieben wurde.

Mit dem Christentum kam der synagogale Gesang nach Mitteleuropa und bestimmte hinfort, was wertvolle Musik war: die christlich-kirchliche (zunächst als gregorianischer Gesang später in der Notre Dame Schule als Mehrstimmigkeit). Die Geistlichkeit, der Adel und das gehobene Bürgertum hatten an dieser Bewertung überhaupt keinen Zweifel und wurden im ganzen nicht durch die Musik der Unterschicht, der Spielleute, schwankend gemacht. Die »ernste« Musik wurde als die Wertvollere deklariert, wie eine »ernste« Lebensführung als gottgefällig galt; im christlichen Bereich bedeutete »ernst« im Mittelalter »kopfbezogen«, nicht aus der stets schamhaft verschwiegenen unteren Körperhälfte stammend, wie das Lachen.

Seit der Antike bemühten sich in Europa alle, die mit Religion, Wissenschaft und Regierung befaßt sind, nicht zu lachen, jedenfalls nicht öffentlich sicht- oder hörbar. Und ihre Musik war ernst, wie sollte es anders sein. Diese Musik ist aber auch die einzige, die auf uns gekommen ist, ganz einfach weil sie aufgeschrieben wurde (jedenfalls seitdem es überhaupt eine Notenschrift gab), denn ihre Verehrer oder auch nur Benutzer, eben die Geistlichen, die Akademiker und die Machthaber, waren die wenigen, die des Schreibens kundig waren. – Und die anderen (sicher die überwiegende Mehrheit) machten ihre eigene Musik - nicht aufgeschriebene Musik, sie waren frühe Beatles, und sie hatten Spaß daran, - kaum vorstellbar, daß auch sie nicht gelacht hätten. Es waren Spielleute, die vom Adelshof zum Marktplatz, von den Tanzböden zu größeren öffentlichen Ereignissen zogen und aufspielten - um ihren Lebensunterhalt zu verdienen. Sie rekrutierten sich aus »Taugenichtsen, Windbeuteln, Faulenzern, Possenreißern, Strolchen, Lautenspielern, Pfeifern, Troßknechten, Humpelnden«, aber auch Vaganten, die es in der E-Szene nicht aushielten: weltlüsterne Geistliche, abtrünnige Mönche, streunende Nonnen, des Regierens müde Mächtige, zweite und dritte nicht erbberechtigte Söhne - und Töchter! - des niederen Adels. Sie alle verband die Unbehaustheit, das Faktum, daß sie kein festes Dach über dem Kopf hatten, daß sie über die Straßen zogen, daß sie mobil waren. Bis ins 18. Jahrhundert galten sie als »Unehrliche«, sie waren rechtlos - ihre Söhne und Töchter ebenfalls - der Zugang zu bürgerlichen Berufen und zu seßhafter Lebensweise wurde ihnen verweigert. Die französische Revolution von 1789 machte der »Unehrlichkeit« zumindest formal ein Ende.[109] Diese Spielleute stimmten das »karnevalesk feiertägliche Lachen« an, von dem Bachtin spricht, ein ähnliches Lachen, das bei den altrömischen Saturnalien, dem Fest zu Ehren des Saturn mit üppigen Gelagen und der Aufhebung der sozialen Unterschiede (!), erscholl. Die Wiederbelebung dieses altrömischen Karnevals erlebte Jacques Offenbach 1823 - 33 in Köln.

Zwar verurteilten die bürgerliche Gesellschaft wie auch die Kirche das fahrende Volk der Spielleute, deren Verschwendungssucht besonders angeprangert wurde, doch gelang es der mittelalterlichen katholischen Gesellschaft, den »Unehrlichen« den Schutz der Kirche zu gewähren, obwohl ihrem Leben »Lug und Trug und Spielerei anhafte. Weil auch zum besten Kopf kranke Gliedmaßen gehören können, müssen letztere wohl um des Kopfes willen erhalten werden«, argumentierte man in kirchlichen Kreisen. Daraufhin wurden Spielleute nicht nur als juristische Personen anerkannt, sondern auch als Herren und Verantwortliche ihrer Confrérie; das war dem Status von Handwerkerzünften und Kaufmannsgilden vergleichbar. Ein imponierend großzügiger Umgang mit der Subkultur.

Die in Europa zum »ernsten« Leben Verurteilten schufen sich Erleichterung: die Herrschenden und die hohe Geistlichkeit hielten sich »Lacher vom Dienst«, Hofnarren. Bei besonders starken Beschwerden besorgten sie radikalere Abhilfe: sie stiegen aus ihrem Leben aus, taten sich mit den Outcasts zusammen, zogen mit ihnen über die Landstraße, wurden selber Spielleute - eine heimliche Allianz der Ernsten mit dem Lachen.

Geradezu eine Heiligsprechung widerfuhr der klassischen E-Musik im 19. Jahrhundert: sie wurde auf die Etage der Religion erhoben. Als Zeugnisse kann man nennen: Beethovens Satz (wenn er wirklich von ihm ist) »Musik ist höhere Offenbarung als alle Weisheit und Philosophie«, Hegels Statement, daß Kunst eine Form des absoluten Geistes sei, nämlich »Kunst-Religion«, Schopenhauers Verherrlichung von Kunst als »Erlösung« bis zu Wagner – Hans-Sachsens Sorge um die »heilge deutsche Kunst«. Schopenhauer verengte die wertvolle Musik zusätzlich auf Messe und Symphonie und schloß die Oper als »etwas barbarisches« aus. Nun gab es in der klassischen Musik wirklich nichts mehr zu lachen. An der Gestalt und der Musik Beethovens (so wie man sie verstand und aufführte!) versuchte man, diese Musikauffassung zu beweisen; noch in unserem Jahrhundert wurde Beethoven mit dem Erlöser, mit Christus gleichgestellt. Ferruccio Busoni: »Die Krone, die er trägt, ist eine Dornenkrone, die seine Stirn zerfleischt.« Paul Natorp (1921): »Er hat die Welt ganz auf sich genommen ... er hat die Verantwortlichkeit für alles auf sich genommen ... nicht anders als die Heilande aller Zeiten ...« Wilhelm Schmidtbonn zu Beethovens 100. Todestag 1927: »Und bist doch schmerzvoller als alle ans Kreuz Geschlagenen.« Selbst der Franzose Romain Rolland über Beethoven: » ... der ganz Schmerz Gewordene, dem die Welt ihre Freude versagt, wird selber zum Schöpfer der Freude und schenkt sie der Welt! Wenn das Elend der ganzen Welt uns überwältigt, dann nahst du dich uns ...«

Die Walter der Heiligkeit der klassischen Musik lehnten selbstsicher und streng alles ab, was nicht »E« war. Ein so phänomenaler Operettenkomponist wie Oscar Straus wurde von den »ernsten« Musikern in Wien - seinen guten Bekannten - nicht mehr gegrüßt, nachdem er eine Position als Musiker beim Überbrettl in Berlin angenommen hatte. Das war 1901. Diese Rigidität und Selbstherrlichkeit haben die »E-Musiker« über 150 Jahre entwickelt und gepflegt, über Schumann, Brahms, Wagner, Bruckner, Richard Strauss,

Mahler, Schönberg und seine Schüler bis zu Stockhausen und Arvo Pärt. Es wird nicht gelacht, die Kunst ist ernst, weil heilig. - Allerdings gab es auch immer das andere Ufer, mit Traumgestalten wie Rossini, Johann Strauß, Emmanuel Chabrier, Erik Satie, Kurt Weill oder George Gershwin.

Die klassische Musik will keine Hofnarren, wie auch die Regierungen sie seit langem nicht mehr haben wollen, die (Musik-) Wissenschaft duldet sie am allerwenigsten. – Wie »ernst« die E-Musik ist, zeigen die Programme der Sinfoniekonzerte: kein Rossini, kein Offenbach, dagegen lupenreine E-Musik, ab und zu eine Ouvertüre oder ein Walzer von Johann Strauß, um der »Heiterkeit« gepflegt Genüge zu tun. Mit dem Lachen, das »einen besonderen Aspekt der Welt aufdeckt«,[110] hat das überhaupt nichts zu tun. Die Rangordnung der E-Musik gegenüber der zu verachtenden Nicht-E-Musik funktioniert wie die Gliederung der Gesellschaft. Es muß sich um ein politisches Phänomen handeln.

Jedoch ist das Eis dünner, als sich die E-Musik eingesteht: die Schicht der Liebhaber klassischer Musik ist nämlich viel kleiner, als die Schallplattenindustrie glauben machen möchte. Und die Szene der Musiker ist längst erfolgreich aufgesogen worden, zunächst vom Jazz, dann von Rock und Pop und anderen freien, nichtklassischen Musizierformen. Die Musikfreunde, besonders die jüngeren, wandern in hellen Scharen dorthin ab. Da darf denn auch gelacht werden.

Zweistimmigkeit von Ernst und Lachen

Bei der Abhandlung von Cervantes' »Don Quijote« spricht der russische Literaturwissenschaftler Michail M. Bachtin von »innerer Dialogizität«, von einem »erregten zweistimmigen Bild«. Es ist »eine geniale künstlerische Abbildung des Zusammenstoßes des vom Ritterroman veredelten Worts mit dem vulgären Wort.« Nach Bachtin wird die Dichtung von den Literaturwissenschaftlern weitgehend »einstimmig« verstanden und interpretiert. Dabei gebe es wahrscheinlich in der Weltliteratur viele Werke, deren Zweistimmigkeit nicht nur nicht erkannt, sondern nicht einmal vermutet wurde. »Wir betrachten die Weltliteratur von einer in Raum und Zeit eng begrenzten kleinen Insel einer einstimmigen Wortkultur aus, die nur über eine Stimme und einen Ton verfügt.«

Bachtin führt aus, daß sowohl das antike Griechenland wie auch Rom eine »zweistimmige« Kunst und Literatur hatten.[111]

In Griechenland war die Gestalt des »komischen Herakles«, die später in Byzanz eine der zentralen Figuren des Marionettenspiels wurde, außerordentlich populär. Es gab nicht nur einen »komischen« Herakles, sondern auch einen »komischen Odysseus«, sie bewiesen, daß »das literarische Bewußtsein der Griechen die parodistisch-travestierenden Bearbeitungen des nationalen Mythos nicht als Profanierung wahrnahm. Es ist bezeichnend, daß die Griechen sich nicht scheuten, Homer selbst das parodistische Werk ›Froschmäusekrieg‹ zuzuschreiben.[112]

Das in der Antike allgegenwärtige »Korrektiv des Lachens und der Kritik gegenüber der einseitigen Ernsthaftigkeit des hohen direkten Worts, das Korrektiv der Realität, die allemal reicher, wesentlicher« ist, ist über die Jahrtausende vergessen. »Die Welt der römischen Lachkultur war nicht weniger reich und vielfältig«. Es hielt sich lange das rituelle Verlachen, das »rituelle Lachen der Soldaten über den Triumphator, das römische rituelle Lachen auf Beerdigungen, die verbürgte Freiheit des Lachens der Mimen.«[113] Das ging weit: auf sogenannten »Distichen des Konsuls« wurden links gewöhnlich komische Szenen in grotesken Masken und rechts tragische Szenen abgebildet. »Für das literarisch künstlerische Bewußtsein der Römer gab es keine Form ohne ihr Lach-Äquivalent. Die ernstgemeinte direkte Form erschien nur als ein Fragment, als die Hälfte des Ganzen. Das Ganze war erst wiederhergestellt, wenn das Gegenstück, das Lachen, hinzugefügt war ... Lachen und Verlachen haben die europäischen Kulturen von Rom gelernt. Roms unermeßliches Lach-Erbe ist in schriftlicher Überlieferung jedoch nur in einem erbärmlich geringen Umfang auf uns gekommen.«[113] »Die antike Parodie ist frei von nihilistischer Negation.«[114]

Es gibt Berichte darüber, daß im Mittelalter unter den Augen der Kirche, unter Umständen mit ihrer Hilfe, die Zweistimmigkeit des öffentlichen Lebens selbst in der Kathedrale an der Tagesordnung war. In den Gotteshäusern des 12. und 13. Jahrhunderts gab es in Stein gehauene Wesen mit dämonischen Fratzen, Drachen, Ungeheuer, Gestalten mit dem Schwanz eines Reptils, wilde Männer und Frauen nackt oder in tierischem Fell. Sie standen an Kapitellen oder Wasserspeiern, über den Eingangsportalen, an den Emporen und in den Chören im Innern. Viele Figuren dieser Art fanden sich im Straßburger Münster. Dort gab es sie an einem besonderen Platz: direkt unter der Spitze der Orgel angebracht, waren sie durch bewegliches Gestänge mit einem Blasebalg der Orgel verbunden. Man kannte sie als die »Roraffen«. Jeweils zwei von ihnen konnten mit Hilfe der Blasebälge der Orgel in Bewegung gesetzt werden. Sie sperrten ihre Mäuler auf und schlossen sie wieder, so als ob sie aus voller Seele gähnten, und das während des Gottesdienstes und während die Orgel spielte. Der Roraffe war eine Gestalt aus der heidnischen Vergangenheit der Elsässer und wurde so heiß geliebt, daß kein Kirchenfürst es wagte, ihn um des gottesdienstlichen Ernstes willen entfernen zu lassen. Dieses stumme Auf- und

Zuklappen der Affenmäuler während der Messe boykottierte, parodierte den kirchlichen Ernst, stellte den urtümlichen Dualismus von Weisheit und Narrheit, von Gott und Teufel wieder her. – Die Kirche bewältigte diesen Gegensatz unter dem einen Dach der Kathedrale, indem die Geistlichen und Chorherren im Chor, durch ein Gitter abgeschirmt, ihre Messe zelebrierten und jenseits des Gitters verlustierte sich das einfache Volk meistens sehr lautstark, das oft nur wegen des Roraffen, der manchmal auf obszöne Weise tanzte, in die Kirche kam. Es war ein Mit- und Beieinander, wie es wohl in der Antike die Regel war. Der profane, weltliche, öffentliche Bereich der Straße verlängerte sich bis in das Innere der Kirche, machte nicht an der Tür Halt. Die Tendenz nahm bis ins 15. Jahrhundert beständig zu. Entscheidende Attacken dagegen wurden in einer Zeit, als das Mittelalter zu Ende ging, im 15. Jahrhundert von Reformern, die städtische Beamte waren, geführt. Erst im Gefolge dieser Bemühungen wurde der Roraffe abgeschafft und aus der Kathedrale entfernt.[115]

Auf dem Theater lebt die Commedia dell'arte von dem Miteinander von Ernst und Lachen, von der Zweistimmigkeit. Auch die Operntradition bis über Rossini hinaus kannte diese Gleichzeitigkeit, indem immer ein »hohes« Paar und ein Buffopaar nebeneinander standen. Die Instrumentalmusik müßte diese inhaltliche Zweistimmigkeit ebenfalls besessen haben, wenn sie improvisiert wurde. In der aufgeschriebenen klassischen E-Musik ist sie jedoch sehr schwer nachzuweisen. Bei J. S. Bach dürfte es unerkannte, schlummernde Gleichzeitigkeit von Ernst und Lachen geben, ähnlich wie Bachtin das für viele Werke der Literatur vermutet. Bach wird - mehr noch als Beethoven - dank dem Musikverständnis, das sich im vorigen Jahrhundert auch unter der Mitwirkung von Wagner entwickelt hat, durchgehend als »ernst« angesehen. Erst wenn man einmal seine Werke in ihre oratorischen Figuren auseinandergenommen haben wird, läßt sich erkennen, wie die Anteile von Lachen und Ernst wirklich sind, das heißt wie »zweistimmig« seine Musik ist.

Mozarts Musik muß zu der von Bachtin für Cervantes aufgewiesenen Zweistimmigkeit gezählt werden. Jedoch ist auch

Mozart der Pessimismus und der Hang zu Innerlichkeit und Tiefe übergelegt worden, ein Kostüm, das ihm nicht paßt, wie wir mehr und mehr erkennen. Seine Musik wurde im Jahrhundert Schopenhauers und Wagners auf Ernst gestriegelt, dem gleichen Aktionismus und der gleichen Versessenheit auf Tragik unterworfen wie die von Beethoven. Bei Mozart sind jedoch die Messen nicht ernster zu nehmen als die handfesten, spielleute-würdigen Lieder, deren Texte er selbst verfaßt hat (und die wegen ihrer volkstümlich-derben Formulierungen bis vor kurzem verschwiegen wurden). Man ist gewohnt, Don Giovanni und Leporello, Papageno und Pamina gleich hoch zu schätzen. In der Instrumentalmusik, also in den Sinfonien, Klavier- und Violinkonzerten wie auch in den Solosonaten gibt es viel mehr Passagen zum Lachen, als das Konzertpublikum ahnt und erkennen kann, weil perfekt und stromlinienförmig darüber hinweggespielt wird. Mozart hat nicht die Klassik-Strenge, in die er von den Feuilletonisten und den Studienräten hineingedrängt worden ist. Seine Beziehungen zur damaligen Volks- und Tanzmusik war nicht so ernst und edel gemeint, wie man sie heute verstehen zu müssen glaubt und in seinen Opern gibt es viel mehr Buffo-Elemente und Verbindungen zur Commedia dell'arte, als sie bei heutigen Aufführungen noch herauskommen. Seit fast zweihundert Jahren legt man Wert darauf, ihn »ernst« zu präsentieren. Bei einer etwaigen Überholung dürften die italienischen Originaltexte mit ihren beachtlichen Handfestigkeiten gute Hilfe leisten.

Ein grandioses Beispiel für die Gleichzeitigkeit von Ernst und Lachen bei Jacques Offenbach ist sein letztes - unvollendetes - Werk »Hoffmanns Erzählungen«. Die tragische Gestalt Hoffmann steht in Spannung mit der operettenhaften Atmosphäre in Venedig wie das Hui und das Pfui auf den gleichen Brettern. Nur wenige Inszenierungen vermögen diesen Kontrapunkt, diese Zweistimmigkeit zu vermitteln. Meistens sieht man eine auf Tragödie zielende Interpretation. Das bedeutet, daß das »Lach- Äquivalent« fehlt, daß nur ein Fragment geliefert wird. Das Gleiche geschieht umgekehrt bei den großen Offenbachiaden: Regisseure, unterstützt von den Übersetzern und den Musikern produzieren Aufführungen von wirbelnder Lustigkeit, sausen über den Biß der Pointen hinweg, fabrizieren ein Riesen-Remidemmi und haben keine Ahnung von dem »Lachen, das einen besonderen Aspekt der Welt« aufdeckt, noch weniger von Zweistimmigkeit. Auch sie übermitteln nur die Hälfte des Ganzen - mit Abwandlungen gilt das auch für die Inszenierungen der Opern von Mozart oder Rossini.

Mozart der Champs Elysees

Rossini nannte kurz vor seinem Tod Offenbach den »Mozart der Champs Elysées«. Man weiß nicht, ob dieser Titel Offenbach zu Ohren gekommen ist; er wäre sicher sehr stolz gewesen. Mozart war der einzige Komponist, den er nie parodierte. Im Gegenteil erließ er ein Schreiben an die Presse, als im Jahr 1863 verlautete, er bereite einen »Don Juan« vor:

»Ein in mehreren deutschen Zeitungen veröffentlichter Artikel ... teilt mit, daß ich ein Werk mit dem Titel »Don Juan« schreibe und scheint ausdrücken zu wollen, daß es sich um das gleiche Sujet handele wie in dem unsterblichen Meisterwerk Mozarts. Alle, die mich kennen, kennen auch meine wahrhaft fromme Verehrung (ma réligieuse admiration) für diesen großen Meister und können die Nachricht nicht als ernsthaft betrachten; aber für diejenigen, die sich irreführen lassen könnten oder wollten, bitte ich Sie, meine Berichtigung zu veröffentlichen. Man müßte seinen gesunden Menschenverstand verloren haben, wollte man daran denken, gewisse Meisterwerke nachzuahmen. Gott sei Dank bin ich noch nicht so weit. Die Wahrheit ist, daß unter den Stoffen, die ich zu komponieren beabsichtige, sich einer befindet, der sich ›Don Juans Jugend‹ nennt, aber dieser Name ist die einzige Ähnlichkeit, die zwischen meinem Werke und demjenigen Mozarts besteht.«[54]

Der Komponist Victorien Joncières berichtete in seinem Nekrolog auf Offenbach, daß der alternde Meister sich immer wieder in die Biographie Mozarts vertiefte, wobei er mit tränenerstickter Stimme murmelte: »Pauvre Mozart.«

Rossini war der erste, der einen Vergleich Offenbachs mit Mozart anstellte, mag die Formulierung auch als Bonmot gemeint gewesen sein. In der zweiten Hälfte des 19. Jahrhunderts wurde Mozart noch keineswegs hoch geschätzt, eher - wie Offenbach - als zu »leicht« befunden. Die Maßstäbe »Beethoven« und »Wagner« hielt er nach Ansicht des heroisch und pessimistisch gesinnten Jahrhunderts nicht aus. Auch Mozart mußte bis in die Mitte unseres Jahrhunderts warten, bis man bereit war, ihn und seine Musik unter anderen Bewertungen zu sehen. Nietzsche wußte es schon früher. In »Jenseits von Gut und Böse« bezeichnete er Mozart als »ein europäisches Ereignis in der Musik«. Im Nachlaß fand sich ein Satz über »Jene zärtliche, tolle, bald zu weiche, bald zu lärmende Volkssprache der Musik Rossinis und Mozarts«.

Jedoch auch Wagner spürte den Wandel des Denkens und des Geschmacks, fühlte sich vielleicht auch nach Offenbachs Tod freier und zur Gerechtigkeit aufgerufen, so daß er nach 1880 schrieb: »Schauen Sie Offenbach an. Er schreibt wie der göttliche Mozart. Es ist eine Tatsache, daß die Franzosen das Geheimnis dieser Dinge besitzen.« Er verdrängte wohl, daß Offenbach Deutscher war, wie er selbst.

So wie Wagner und Nietzsche dachten um 1880 nur wenige und nur sehr wache Geister. Offenbachs und seiner Textdichter Bekenntnis zur Lachkultur war in seinem Todesjahr 1880 zu neu und zu früh, da die europäische Welt noch mehrere Etagen in den Pessimismus, in die Untergangsstimmung hinunterfahren mußte. Diese europäisch bestimmte Welt hatte auch noch ein Jahrhundert des verlogenen Pathos ohne Lachen vor sich. Auch heute wirkt die Offenbachsche Lebensposition noch exotisch.

Als Offenbach-Verehrer empfiehlt man als Therapie für die strapazierte europäische Seele und für alle, die von ihr angesteckt wurden, dringend eine Offenbach-Kur.

Anhang

Anmerkungen

1 Francisque Sarcey, Quarante Ans de Théatre VI.
2 Friedrich Uhl, Aus meinem Leben, Stuttgart 1907
3 Anton Henseler, Jakob Offenbach, S. 276
4 ebenda S. 469
5 vgl. Martin Gregor-Dellin, Richard Wagner, S. 637
6 ebenda S. 762
7 Cosima Wagner, Die Tagebücher, 18.12.1881
8 Hanjo Kesting, Das schlechte Gewissen an der Musik, S. 105
9 vgl. Gregor-Dellin, S. 622
10 ebenda S. 637
11 Henseler, S. 373
12 Heinz Becker, Meyerbeer, S. 71
13 Henseler, S. 470
14 Leo Balet, Die Verbürgerlichung, S. 7
15 Richard Wagner, Was ist deutsch?, S. 44
16 ebenda S. 38
17 Friedrich Sengle, Geschichtliche Hintergründe des Weltschmerzes, S. 8ff.
18 ebenda S. 11
19 Raymond A. Moody, Lachen, S. 17f.
20 ebenda S. 56
21 Homer, Ilias, 1. Gesang Zeile 595
22 Friedrich Nietzsche, Also sprach Zarathustra, S. 202
23 Henri Bergson, Das Lachen, S. 16
24 ebenda S. 62
25 Michail M. Bachtin, Rabelais und Gogol. Die Wortkunst und die Lachkultur des Volkes, S. 338ff.
26 zit. nach Henseler
27 Konrad Beikircher, Himmel un Ääd, S. 85
28 Henseler, S. 463
29 ebenda, S. 470
30 Carl Niessen, Das Rheinische Puppenspiel, S. 251 Anm. 51
31 ebenda S. 41
32 ebenda S. 253 Anm. 60a
33 Henseler, S. 30

34 ebenda S. 108
35 ebenda S. 109
36 zit. nach Henseler, S. 71f.
37 Gregor-Dellin, S. 695
38 zit. nach Kracauer, Jacques Offenbach, S. 147f.
39 zit. nach Faris, Jacques Offenbach, S. 60ff.
40 zit. nach Hanslick, Die moderne Oper
41 Herbert Weinstock, Rossini, S. 382
42 Richard Osborne, Rossini, S. 129f.
43 ebenda S. 9
44 Formulierung von A. Heulhard, L' invasion allemande dans la musique in L' Art Musical XI/10, 1872
45 Artikel von Satie über Debussy in Satie, Schriften, Hofheim 1988, S. 227
46 Richard Wagner, Gesammelte Schriften und Dichtungen, Band 5, S. 83ff.
47 vgl. J. Becker, S. 79f.
48 die folgenden Zitate stehen in Wagners Aufsatz ab S. 83
49 Brief Wagners an Liszt vom 18.4.1851
50 Gregor-Dellin, S. 768
51 Brief vom 14. Januar 1870
52 Gregor-Dellin, S. 640
53 Bavard et Bavarde, Lieschen und Fritzchen oder Französische Schwaben, Il Signor Fagotto, Jeanne qui pleure et Jean qui rit, Coscoletto ou Le Lazzarone, La Leçon de chant électromagnétique, La Permission de dix heures.
54 zit. nach Gregor-Dellin, S. 770
55 Nietzsche, Die Geburt der Tragödie, S. 183
56 ebenda S. 256
57 Brief an Gersdorf vom 24.2.1873
58 Brief Nietzsches an Malwida von Meysenburg nach dem 13. Februar 1883
59 Nietzsche, Die Geburt der Tragödie, S. 38f.
60 Unzeitgemäße Betrachtungen, S. 463
61 Nietzsche, Der Fall Wagner, S. 257
62 ebenda S. 258
63 ebenda S. 260
64 ebenda S. 261
65 Nietzsche am 24. Februar 1887 an R.v. Seydlitz
66 Nietzsche, Die Unschuld des Werdens, Nachlaß II
67 Jenseits von Gut und Böse, S. 268
68 ebenda S. 183
69 Nietzsche contra Wagner, S. 140
70 Übersetzung aus Reclam Taschenbuch

71 Nietzsche contra Wagner, S. 98
72 Robert Schumann Schriften, Rezension über die »Hugenotten«
73 vgl. Martin S. Bergmann, Eine Geschichte der Liebe, S. 180ff.
74 A. Schopenhauer, Die Welt als Wille und Vorstellung, 2. Band, Kap.
75 Nietzsche, Der Fall Wagner, S. 97
76 So Gustave Héquet, der selber zum Stab der Bouffes-Parisiens gehörte, wo »Orphée aux Enfers« seine Uraufführung erlebte.
77 vgl. Gregor-Dellin, S. 838
78 Nietzsche an Gersdorff am 11. März 1870
79 Balet, Die Verbürgerlichung, S. 306
80 ebenda S. 310
81 ebenda
82 vgl. Sengle, S. 2
83 Wolf Lepenies, Melancholie und Gesellschaft, S. 84
84 alle Zitate Arthur Schopenhauers betreffend sind entnommen aus Walter Abendroth, Schopenhauer, rororo Monographie 1967
85 vgl. Johanna Schopenhauer, Ausflug nach Köln im Jahr 1828
86 Nietzsche, Der Fall Wagner, Turiner Brief vom Mai 1888, S. 88
87 18. Oktober 1888 an Malwida von Meysenburg
88 Nietzsche, Der Fall Wagner, Turiner Brief vom Mai 1888, S. 103
89 Nietzsche, an Malwida von Meysenburg am 13.3.1885
90 Schopenhauer an Frauenstaedt am 12.9.1852
91 vgl. Lepenies, S. 76
92 Nietzsche, Der Fall Wagner, Turiner Brief, S. 105
93 ebenda S. 102
94 vgl. A. Faris, Jacques Offenbach, S. 28
95 zit. nach Faris, S. 116
96 Wagners Aufsatz »Was ist deutsch?« von 1865
97 ebenda S. 47
98 Wagners Artikel über Beethoven, S. 66ff.
99 ausführlich zu diesem Komplex: H.H. Eggebrecht, Zur Geschichte der Beethoven Rezeption, Wiesbaden 1970
100 ebenda S. 44ff.
101 Nietzsche, Die Unschuld des Werdens, Nachlaß I, S. 179
102 zit. nach Eggebrecht
103 Wagner, Beethoven-Aufsatz, S. 125f.
104 ebenda S. 93
105 Richard Wagner, Das Judentum in der Musik, S. 76
106 Nietzsche, Der Fall Wagner, Turiner Brief vom Mai 1888, S. 95f.
107 Nietzsche, Der Fall Wagner, Ein Musikanten-Problem, S. 257
108 vgl. Rolf Johannsmeier, Spielmann, Schalk und Scharlatan, S. 105ff.
109 ebenda S. 110ff.

110 M. Bachtin, S. 313ff.
111 ebenda
112 ebenda S. 315
113 ebenda S. 116
114 ebenda S. 314
115 Rolf Johannsmeier, Spielmann, Schalk und Scharlatan, S. 104ff.

Bildnachweis

Alle Karikaturen wurden aus der Sammlung Offenbach des Historischen Archivs der Stadt Köln entnommen.

Bibliographie

Bachtin, Michail M.: Die Ästhetik des Wortes. Hrsg. und eingeleitet von Rainer Grübel, Frankfurt am Main 1979

Balet, Leo, Gerhard E. und Rebling, Eberhard: Die Verbürgerlichung der deutschen Kunst, Literatur und Musik im 18. Jahrhundert. Hrsg. und eingeleitet von Gert Mattenklott, Frankfurt am Main, Berlin, Wien 1981

Beikircher, Konrad: Himmel un Ääd. Rheinisch beim Wort genommen, Bonn 1991

Bergmann, Martin S.: Eine Geschichte der Liebe. Vom Umgang des Menschen mit einem rätselhaften Gefühl, Frankfurt am Main 1994

Bergson, Henri: Das Lachen. Ein Essay über die Bedeutung des Komischen, Frankfurt am Main 1988

Bienert, Walther: Martin Luther und die Juden. Ein Quellenbuch mit zeitgenössischen Illustrationen, mit Einführungen und Erläuterungen, Frankfurt am Main 1982

Burton, Robert: Anatomie der Melancholie. Über die Allgegenwart der Schwermut, ihre Ursachen und Symptome sowie die Kunst, es mit ihr auszuhalten, Oxford 1621

Decaux, Alain: Jacques Offenbach, Bergisch Gladbach 1978

Dietmar, Carl und Jung, Werner: Kleine illustrierte Geschichte der Stadt Köln. Begründet von Franz Bender und Theodor Bützler, Köln 1996

Eggebrecht, H.H.: Zur Geschichte der Beethoven Rezeption, Wiesbaden 1970

Faris, Alexander: Jacques Offenbach, Zürich 1982

Fuchs, Peter und Schwering, Max Leo: Kölner Karneval. Zur Kulturgeschichte der Fastnacht. Band 1, Köln 1984

Gregor-Dellin, Martin: Richard Wagner. Sein Leben Sein Werk Sein Jahrhundert, München 1980

derselbe: Wagner-Chronik. Daten zu Leben und Werk, München, Kassel, Basel, London 1983

Hartung, Wolfgang: Die Spielleute. Eine Randgruppe in der Gesellschaft des Mittelalters. In: Vierteljahrschrift für Sozial- und Wirtschaftsgeschichte. Beihefte. Hrsg. von Werner Conze, Hermann Kellenbenz, Hans Pohl und Wolfgang Zorn, Wiesbaden 1982

Henseler, Anton: Jakob Offenbach, Berlin 1930

Heulhard, A.: L' invasion allemande dans la musique in L' Art Musical XI/10, 1872

Historisches Archiv der Stadt Köln: Jacques Offenbach. Schauplätze eines Musikerlebens (Austellungskatalog), Köln 29. August - 2. November

Hof, Walter: Pessimistisch-nihilistische Strömungen in der deutschen Literatur vom Sturm und Drang bis zum Jungen Deutschland, Tübingen 1970

Johannsmeier, Rolf: Spielmann, Schalk und Scharlatan. Die Welt als Karneval: Volkskultur im späten Mittelalter, Reinbek bei Hamburg 1984

Journal für Geschichte, Februar/März 1987

Jurzik, Renate: Der Stoff des Lachens. Studien über Komik, Frankfurt am Main, New York 1985

Kesting, Hanjo: Das schlechte Gewissen an der Musik. Aufsätze zu Richard Wagner, Stuttgart 1991

Klotz, Volker: Bürgerliches Lachtheater. Komödie - Posse - Schwank - Operette, Reinbek bei Hamburg 1987

Knepler, Georg: Karl Kraus liest Offenbach: Erinnerungen, Kommentare, Dokumentationen, Wien 1984

Koch, Ursula E. und Sagave, Pierre-Paul: Le Charivari. Die Geschichte einer Pariser Tageszeitung im Kampf um die Republik (1832-1882), Köln 1984

Kracauer, Siegfried: Jacques Offenbach und das Paris seiner Zeit. In: Siegfried Kracauer Schriften, Hrsg. von Karsten Witte. Band 8, Frankfurt am Main 1976

Kusenberg, Kurt und Beate (Hrsg.): Giacomo Meyerbeer in Selbstzeugnissen und Bilddokumenten dargestellt von Heinz Becker, Reinbek bei Hamburg 1980

Läuffer, Hermann, u.a.: Der Spaß ist ein Meister aus Deutschland. Geschichte der guten Laune 1933-1990, Köln 1990

Lepenies, Wolf: Melancholie und Gesellschaft, Frankfurt am Main 1972

Moody, Raymond A.: Lachen! Über die heilende Kraft des Humors, Reinbek bei Hamburg 1979

Müller, Wolfgang (Hrsg): Arthur Schopenhauer mit Selbstzeugnissen und Bilddokumenten dargestellt von Walter Abendroth, Reinbek bei Hamburg 1967

derselbe (Hrsg.): Karl Marx mit Selbstzeugnissen und Bilddokumenten dargestellt von Werner Blumenberg, Reinbek bei Hamburg 1962

Naegele, Verena: Parsifals Mission. Der Einfluß Richard Wagners auf Ludwig II. und seine Politik, Köln 1995

Niessen, Carl: Das Rheinische Puppenspiel. Ein Theatergeschichtlicher Beitrag zur Volkskunde. In: Rheinische Neujahrsblätter. Hrsg. vom Institut für Geschichtliche Landeskunde der Rheinlande an der Universität Bonn, Bonn 1928

Nietzsche, Friedrich: Der Fall Wagner. Schriften - Aufzeichnungen - Briefe. Hrsg. und mit einer Chronik sowie einem Nachwort versehen von Dieter Borchmeyer, Frankfurt am Main 1983

Oehler, Richard: Nietzsche-Register. Alphabetisch-systematische Übersicht über Friedrich Nietzsches Gedankenwelt, Stuttgart 1943

Osborne, Richard: Rossini. Leben und Werk, München 1988

Plessner, Helmuth: Diesseits der Utopie. Ausgewählte Beiträge zur Kultursoziologie, Düsseldorf, Köln 1966

derselbe: Philosophische Anthropologie. Lachen und Weinen, Das Lächeln, Anthropologie der Sinne, Frankfurt am Main 1970

Pourvoyeur, Robert: Offenbach, Paris 1994

Sarcey, Francisque: Quarante Ans de Théatre VI., Paris 1901

Scholz, Dieter David: Richard Wagners Antisemitismus. In: Epistemata Würzburger Wissenschaftliche Schriften. Reihe Literaturwissenschaft. Band 95, Würzburg 1993

Schopenhauer, Johanna: Ausflug nach Köln im Jahr 1828. Eingeleitet und hrsg. von Willy Leson, Köln 1975

Schröter, Klaus (Hrsg.): Jacques Offenbach mit Selbstzeugnissen und Bilddokumenten dargest. von P. Walter Jacob, Reinbek b.Hamburg 1969

Schumann, Robert: Schriften über Musik und Musiker. Ausgewählt und hrsg. von Josef Häusler, Stuttgart 1982

Silbermann. Alphons: Das imaginäre Tagebuch des Herrn Jacques Offenbach. Mit 16 Abbildungen und 14 Notenbeispielen. In: Serie Musik Piper - Schott. Band 8317, München 1991

Stoll, André (Hrsg.): Die Rückkehr der Barbaren. Europäer und »Wilde« in der Karikatur Honoré Daumiers, Hamburg 1985

Uhl, Friedrich: Aus meinem Leben, Stuttgart 1907

Voeltzel, René: Das Lachen des Herrn. Über die Ironie in der Bibel. In: Theologische Forschung. Wissenschaftliche Beiträge zur kirchlich-evangelischen Lehre, Hamburg-Bergstedt 1961

Wagner, Cosima: Die Tagebücher. 4 Bände. Editiert und kommentiert von Martin Gregor-Dellin und Dietrich Mack, München 1980

Wagner, Friedelind: Nacht über Bayreuth. Die Geschichte der Enkelin Richard Wagners, Köln 1994

Wagner, Richard: Mein Leben. Vollständige, kommentierte Ausgabe, Hrsg. von Martin Gregor-Dellin, München 1976

Wagner, Richard: Das braune Buch. Tagebuchaufzeichnungen 1865 bis 1882. Vorgelegt und kommentiert von Joachim Bergfeld, Zürich und Freiburg i.Br. 1975

Wagner, Gottfried: Wer nicht mit dem Wolf heult. Autobiographische Aufzeichnungen eines Wagner-Urenkels, Köln1997

Wagner, Richard: Gesammelte Dichtungen. Hrsg. von Julius Kapp. Drei Teile in einem Bande. Erster Teil, Leipzig o.J.

derselbe: Gesammelte Schriften und Dichtungen in zehn Bänden. Hrsg. mit Einleitung, Anmerkung und Registern versehen von Wolfgang Golther, Leipzig o.J.

Weber-Möckl, Anette: Langeweile als Adelsprivileg. Melancholie in der höfischen Gesellschaft. In: Journal für Geschichte 1/87

Weber, Solveig: Das Bild Richard Wagners. Ikonographische Bestandsaufnahme eines Künstlerkults. 2 Bände, Mainz 1993

Wehmeyer, Grete: Erik Satie, Kassel 1997

Wörterbuch der Philosophie: Neue Beiträge zu einer Kritik der Sprache von Fritz Mauthner. 2. Band, Leipzig 1924

Zelinsky, Hartmut: Richard Wagner - ein deutsches Thema. Eine Dokumentation zur Wirkungsgeschichte Richard Wagners 1876-1976, Frankfurt am Main 1976

Personenregister

Mit einem Nachwort von Eva Weissweiler und Gedichten von Felix Schumann

»Faszinierendes Familienporträt«
DRESDNER MORGENPOST

»... ein wichtiges und lesenswertes Buch, ... Besonders die Passagen über Brahms' Klavierspiel und die Porträts der Freunde und Kollegen machen „Claras Kinder" zu einer erstrangigen Quelle.«
KÖLNER STADTANZEIGER

»Eugenie gibt sehr schöne Hinweise auf das Schumann-Spiel der Mutter, wie Clara Robert interpretierte. ... Ein hochinteressantes Buch, das Einblick gibt in ein paar wichtige, und keineswegs periphere Kapitel der deutschen Kulturgeschichte des 19. Jahrhunderts, aber auch Einblick gibt in eine durch und durch neurotische Familie.«
WDR, MOSAIK

»Eugenie Schumann, ... die ihrer Jugend nachspürt, ... Liebevoll porträtiert sie ihre Geschwister, idealisiert ihre Mutter, die ›uns das Höchste auf der Welt war.‹«
DIE WELT

Mit einem Nachwort von Eva Weissweiler

»Dem Buch, das die 25jährige, das schwarze Schaf der Familie, 1944 in der Emigration schrieb, tut die scharfe Zunge gut, die Friedelind bis zu ihrem Tode 1991 führte; es ist respektlos, witzig, leidenschaftlich, manchmal verzweifelt, voller Atmosphäre und Humor.«
DIE ZEIT

»Der Geist Hitlers schwebte in Friedelinds Kindertagen nicht nur über Bayreuth, auch über der Familie.«
Rudolf Augstein, DER SPIEGEL

»Durch Friedelind lernt man die Leitfiguren des ›Dritten Reiches‹ und der Bayreuther Festspiele aus einer ungewohnten fast intimen Frosch-Perspektive kennen, ...«
WESTDEUTSCHER RUNDFUNK

»Das wieder aufgelegte Buch bleibt ein wichtiger Beitrag zur Geschichte der Wagner-Sippe im schlimmsten Dunkel deutscher Geschichte, ...«
DEUTSCHLANDFUNK

»Ein Buch über Wagners Einfluss auf den bayrischen König. Verena Naegele zeigt in ihrem Buch wie Kultur und Politik miteinander verflochten waren.«
NEUE ZÜRCHER ZEITUNG

»Das Buch steckt voller Überraschungen und liest sich teilweise wie ein Psychothriller. Eine sorgfältige Quellenangabe erleichtert die Orientierung in diesem turbulenten Kapitel der Kulturgeschichte.«
BADISCHES TAGBLATT

»Faszinierend an Verena Naegeles Darstellung ist die bisher wenig oder gar nicht beachtete Verquickung von Wagners künstlerischem mit politischem Ehrgeiz. Dabei lotet sie scheinbar leidenschaftslos und distanziert - und damit um so wirksamer - alle bedeutsamen Fakten aus, die sie aus dem umfangreichen Briefwechsel - und anderem Quellenmaterial belegt und analysiert.«
AARGAUER TAGBLATT

»Verena Naegele räumt rigoros mit dem Mythos vom apolitischen Künstler Wagner auf, der nur die Verwirklichung seiner Opern und seines Festspielhauses im Sinne gehabt habe.«
ZÜRICHSEE-ZEITUNG

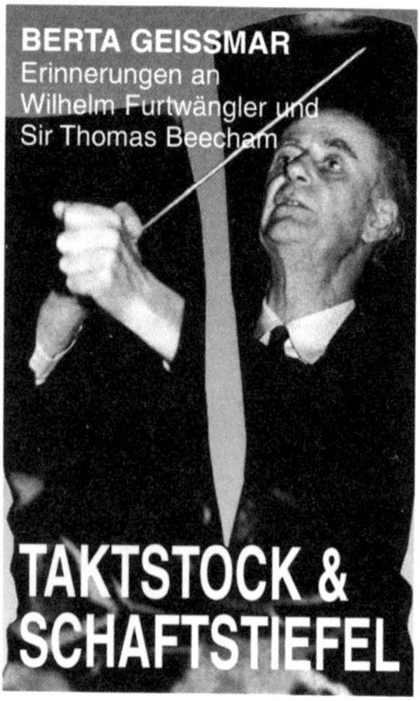

»Berta Geißmars Erinnerungen sind nicht nur ein fesselnd geschriebenes Stück Musikgeschichte, sondern ein erstrangiges kulturhistorisches Dokument: ... in dessen Mitte Musik stand. Berta Geißmar war eine hochgebildete, gerecht und besonnen urteilende Frau - sie promovierte als eine der ersten Frauen überhaupt in Philosophie -, die immerhin nebenbei so gut Violine spielen konnte, daß etwa Furtwängler, Hindemith und Goldberg, ..., mit ihr im privaten Kreis musizierten.«
FONO FORUM

»Das Buch zeigt das Scheitern einer Illusion, daß Kunst und Politik auseinanderzuhalten sind.«
WESTDEUTSCHER RUNDFUNK

»Waren die Memoiren Geißmars bei ihrem Erscheinen von brennendem Interesse von Musikliebhabern im Nachkriegsdeutschland, so sind sie ein auch heute lesenswertes Zeitdokument, das die stets aktuelle Frage nach Exil, nach Widerstand oder Kompromiß in einer Diktatur in einem biographischen und gesellschaftlichen Zusammenhang stellt.«
BERLINER ZEITUNG

»Ein wundervolles Buch!«
WESTDEUTSCHER RUNDFUNK

»Carola Neher ist ein durch und durch moderner Frauentypus, der in den zwanziger Jahren zuerst auf dem Theater, dann aber auch in der Gesellschaft für kurze Zeit Leitbildfunktion hatte: strikt karriereorientiert, körperbewußt, sachlich und zugleich unendlich verführerisch.« NEUE ZÜRCHER ZEITUNG

»... Tita Gaehme ... hat es mit ihrem Buch verstanden, sowohl die schauspielerischen wie auch die privaten Stationen dieses Lebens zu beschreiben, mit all ihren Widersprüchen, ihren Eskapaden und schließlich tragischen Irrungen.«
DIE DEUTSCHE BÜHNE

»... es gehört bestimmt zu den traurigsten Kapiteln der Exilgeschichte, daß sich die berühmten Verehrer der Neher, allen voran Bertolt Brecht, nur zögerlich für Rettung einsetzen wollten. Fast könnte man meinen, sie hätten die verführerische Frau doch nie als ihresgleiches angesehen.« FAZ

»Voerst und vermutlich auf lange Zeit ist diese Biographie die materialreichste und beste Arbeit über die Schauspielerin Carola Neher.« SÜDDEUTSCHE ZEITUNG

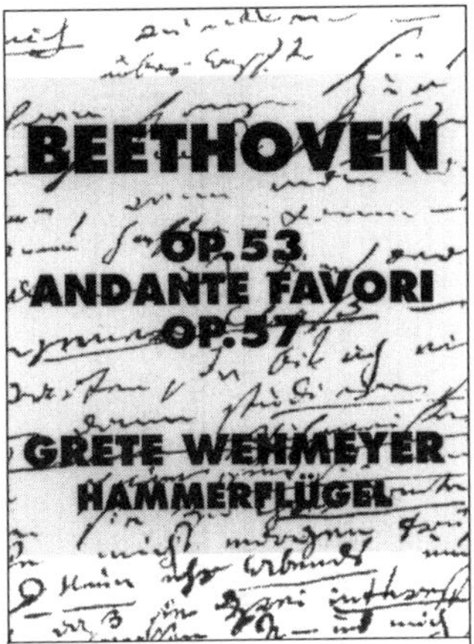

DOPPEL-CD

IM TEMPO DER BEETHOVENZEIT

Grete Wehmeyer, die Autorin des Buches »Prestißißimo. Die Wiederentdeckung der Langsamkeit in der Musik« spielt Beethovens Sonaten op. 53 (Waldstein) und op. 57 (Appassionata) sowie das »Andante favori« nach ihren Erkenntnissen zum klassischen Spieltempo; das ist erheblich langsamer, als man es heute für richtig hält, oft nur halb so schnell.
Das Instrument ist die Kopie eines Dulcken Hammerflügels von 1815 (Nachbau von J.C. Neupert)

Bestellung bei:
G.W.G. - Vertrieb
Geibelstraße 5
D-50931 Köln